探究　学校図書館学

第**3**巻

学習指導と
学校図書館

「探究　学校図書館学」編集委員会 編著

全国学校図書館協議会

はしがき

　1997年の学校図書館法の改正にともない「学校図書館司書教諭講習規程」が改正された。全国学校図書館協議会は，この改正を受けて1998年12月に発表した「司書教諭講義要綱」第二次案にもとづき「新学校図書館学」全5巻を刊行した。その後，「司書教諭講義要綱」第二次案を本案とするために特別委員会で検討を重ね2009年10月に発表した「学校図書館司書教諭講習講義要綱」にもとづき「シリーズ学校図書館学」全5巻を刊行した。

　このように，当会では講義要綱をおおむね10年の期間で見直してきた。今回も2018年に講義要綱改訂のための特別委員会を設置し，委員の互選により平久江祐司氏が委員長に就任した。委員会では，大学の授業回数を考慮して内容を精選するとともに，同年8月の「第41回全国学校図書館研究大会（富山・高岡大会）」にて改訂案を示し，多様な立場からの意見を求めた。その後，パブリックコメントもふまえて再度議論を重ねた。また，今回の改訂にあたっての基本方針である「講義要綱（シラバス）は，大学ごと（教員ごと）に作るものである」をもとに，各大学で講義要綱作成の指針となるものとして，2019年1月に「学校図書館司書教諭講習講義指針」の名称で発表した。

　この「探究　学校図書館学」全5巻は，講義指針にもとづき，「新学校図書館学」や「シリーズ学校図書館学」の成果を考慮しつつ，15回の授業を想定して刊行するものである。そのねらいの第一は，新学習指導要領に示された「主体的・対話的で深い学び」（いわゆるアクティブ・ラーニングの視点）での授業改善を推進する司書教諭養成のためのテキストとして，司書教諭を目指す教員や学生の学習に役立つことである。第二は，学校図書館を担当したり授業で学校図書館を活用したりしている人たちが，最新の学校図書館学の内容を系統的に学び，力量を高めようとする際の参考となることである。

　「探究　学校図書館学」を編集するに当たり，次の点に留意した。

　①　学校図書館学,図書館情報学,教育学,情報工学等の成果も取り入れる。

2

② 大学等で講義用のシラバス作成の参考になる章立て構成をする。

③ 専門用語の定義を明確にするとともに，全巻を通して表記等を統一する。ただし，文脈や記述内容により，異なる表現等をする場合もある。

知識基盤社会にあって新学習指導要領が目指す「知識・技能」の習得には，学校図書館の活用が欠かせない。図書館では，日本十進分類法の概念のもと世の中の知識が資料として分類整理されている。この資料（知識）を活用して，子どもたちは直面するさまざまな課題を解決するために探究の過程を通して学びを深めている。こうした一連の課題解決学習や探究型学習が日常化することで，「思考力・判断力・表現力」が育まれる。また，図書館の資料が教科別に分類されていないことで，教科横断的な学びにも対応できる。

この，「探究 学校図書館学」全5巻が司書教諭の養成，読書指導や学び方指導を通して授業改善を進める担当職員の研鑽に役立つことを願う。

最後に講義指針の作成および「探究 学校図書館学」編集委員としてご尽力いただいた先生方，貴重な原稿をご執筆いただいた皆様に，お礼を申し上げたい。また，講義指針作成の段階から適切なご助言やご意見をお寄せいただくなど，大所高所からご支援いただいた全国各地の先生方にも謝意を表したい。多くの方々の熱意あるご支援により刊行にいたったことに心から感謝申し上げたい。

公益社団法人全国学校図書館協議会

理事長　設楽　敬一

「探究 学校図書館学」編集委員

第1巻　平久江祐司（筑波大学図書館情報メディア系）

第2巻　野口　武悟（専修大学文学部）

第3巻　鎌田　和宏（帝京大学教育学部）

第4巻　小川三和子（聖学院大学）

第5巻　河西由美子（鶴見大学文学部ドキュメンテーション学科）

序

　本書は，学校図書館司書教諭講習科目「学習指導と学校図書館」のテキストとして構成されている。本書の作成に先立ち，全国学校図書館協議会は「学校図書館司書教諭講習講義指針」を 2019 年 1 月に定めた。その中で本科目のねらいは次のように示されている。

　「現代社会はグローバリゼーション，情報化等により，大きな変化が急激に生起している。そのような社会においては，近代学校教育が担っていた役割，すなわち 3 R's と基本的な知識や技能を習得させることだけでは足りず，高度で複雑な問題解決に対峙していけるように，言語能力，コミュニケーション能力，情報活用能力，問題発見・解決能力等，より高度な資質・能力の育成が求められるようになってきている。学校図書館の利活用の視点からすれば，司書教諭は学校教育における情報活用能力の育成の意義・方法をどのように教育課程に位置づけ展開していくかを主導する使命をもっている。」

　このねらいに基づき，「指針」では次の 5 項目について検討するとしている（括弧内は本書の該当章）。

（1）学校教育における学校図書館（I～III章）

（2）学校図書館における情報活用能力の育成と学校図書館（IV～VIII章）

（3）学習指導を支える学校図書館メディアと環境の整備（IX～XI章）

（4）学習指導の実際と学校図書館（XII～XIV章）

（5）これからの学習指導と学校図書館（I・XV章）

　これからの社会を生きる子どもたちに汎用的な資質・能力を育成することが期待されており，司書教諭・学校司書らのリーダーシップによる学習指導での学校図書館活用はその中核となるだろう。本書が学校図書館を活用する実践を志すみなさんのお役に立てれば幸いである。

第 3 巻編集委員　鎌田和宏

目次

第Ⅰ章　現代の学校教育と学校図書館

第Ⅱ章　教育課程の編成と学校図書館

第Ⅲ章　学習指導要領と学校図書館

第Ⅶ章　情報活用能力等の育成と評価（3）　整理・分析

第Ⅷ章　情報活用能力等の育成と評価（4）　まとめと表現

第Ⅸ章　情報サービスと学校図書館

第Ⅹ章　発達・情報ニーズに応じた学校図書館メディアの選択

第XI章　学習指導を支える学校図書館メディアと環境の整備

第XII章　教科等の学習指導の実際と学校図書館

第1章　現代の学校教育と学校図書館

1　学校教育の現代的課題と学び

　学校図書館の目的は「学校の教育課程の展開に寄与するとともに，児童又は生徒の健全な教養を育成する」（学校図書館法第2条）とされている。当然ではあるが学校図書館の整備・運営・活用に携わる者は，学校教育の動向について無関心であってはならない。では，現代の学校教育はどこを目指して進められているのだろうか。中央教育審議会答申（以下「中教審答申」），学習指導要領総則等から現代の学校教育が目指す所はどこなのか概観することにしたい。

（1）中央教育審議会答申に見られる学校教育の方向性

　学校教育の全体計画である教育課程は学習指導要領を基準として編成される。この学習指導要領は，文部科学大臣の諮問によって，中央教育審議会（以下「中教審」）で議論されその答申をもとに編成される。2020年から実施されている小学校学習指導要領は（中学校は2021年，高等学校は2022年入学生から順次）「幼稚園，小学校，中学校，高等学校及び特別支援学校の学習指導要領等の改善及び必要な方策等について（答申）」（中教審答申第197号，2016年12月21日）をもとに編成されている。この答申は文部科学大臣の「初等中等教育における教育課程の編成基準等の在り方について（諮問）」（2014年11月20日）により集められた各界の有識経験者によってまとめられたものである。

　答申では，これまでの学習指導要領の改訂の経緯と子どもの現状（第1章），2030年の社会と子どもたちの未来（第2章）について述べ，それらをふまえた上で教育課程をどのようにしていくべきなのか示している。

　中教審で議論された将来の社会は 2030 年以降の社会である。これまで学習指導要領は約 10 年間隔で改訂されてきている。2020 年から使用される学習指導要領がその役目を終える 2030 年頃の社会を中教審はどのように想定したのか。新しい知識・情報・技術が社会のあらゆる領域での活動の基盤として飛躍的に重要性をもつ知識基盤社会では，変化の速さが加速度的になり，情報化やグローバル化といった社会的変化が人間の予測を超えて進展する。そのため，複雑で予測困難な変化がもたらされるであろうとしている。

　このような時代であるから，変化を前向きに受け止め，人間ならではの感性を働かせ，社会・人生・生活をより豊かなものとし，未来を創造することが求められる。そのためには解き方があらかじめ定まった問題を効率的に解いたり，定められた手続きを効率的にこなしたりすることにとどまらぬ力が必要である。それは直面するさまざまな変化を柔軟に受け止め，感性を豊かに働かせながら，どのような未来を創っていくのか，どのように社会や人生をよりよいものにしてくのかを考え，主体的に学び続けて自ら能力を引き出し，自分なりに試行錯誤したり，多様な他者と協働したりして，新たな価値を生み出していくことのできる力である。それを身につけることによって，子どもたち一人ひとりが予測できない変化に主体的に向き合い・関わり合って，その過程を通して，自らの可能性を発揮しよりよい社会と幸福な人生の作り手となっていけるようにすることが重要であるとしている。

　このような社会で求められる能力をもとに，学校教育で育てたい子どもの姿を次のように示している。

●社会的・職業的に自立した人間として，我が国や郷土が育んできた伝統や文化に立脚した広い視野を持ち，理想を実現しようとする高い志や意欲を持って，主体的に学びに向かい，必要な情報を判断し，自ら知識を深めて個性や能力を伸ばし，人生を切り拓いていくことができること。
●対話や議論を通じて，自分の考えを根拠とともに伝えるとともに，他者の考えを理解し，自分の考えを広げ深めたり，集団としての考えを発展させたり，他者への思いやりを持って多様な人々と協働したりしていく

ことができること。

●変化の激しい社会の中でも，感性を豊かに働かせながら，よりよい人生や社会の在り方を考え，試行錯誤しながら問題を発見・解決し，新たな価値を創造していくとともに，新たな問題の発見・解決につなげていくことができること。

（2）学習指導要領総則に見られる学校教育の方向

　中教審答申を受けて，学習指導要領は改訂された。学習指導要領は具体的な学校教育活動を展開するための教育課程の編成基準を示したものである。学習指導要領は総則で教育課程編成の総論を述べ，各教科等で教育課程を展開するための各論を示している。では中教審答申を受け，教育課程の編成基準はどのように構成されたのか。小・中・高等学校学習指導要領のうち，最も新しく解説編が出された高等学校学習指導要領を例に見てみたい。今回の改訂は高等学校教育に関することが重点となっており，小・中・高等学校の連続性についてもこれまで以上に検討されているという。その意味でも高等学校の学習指導要領を概観することは意味があるだろう（総則については，各校種間で校種に応じた多少の差異があるものの，小学校・中学校・高等学校と基本的には同内容が示されているので，小学校については「生徒」を「児童」に置き換えて読んでもらいたい）。

　総則では，はじめに学習指導要領改訂の基本的な考え方を次の3点のように示している。

①社会に開かれた教育課程を重視すること
②知識及び技能の習得と思考力，判断力，表現力等の育成とのバランスを重視する平成21年改訂の学習指導要領の枠組み・教育内容を維持した上で知識の理解の質を更に高め確かな学力を育成すること
③豊かな心・健やかな体を育成するため，道徳教育の充実，体験活動の重視，体育・健康に関する指導を充実させる

これらを具現化するため

●育成を目指す資質・能力の明確化

●「主体的・対話的で深い学び」の実現に向けた授業改善の推進

●各学校におけるカリキュラム・マネジメントの推進

●教育内容の主な改善事項

をあげ，取り組むべき重点を示している。

①については，学校教育での育成が求められる資質・能力を社会と共有し，連携するために，社会が共有する教育課程が学びの地図とすべきことが示されている。

②について，①で示されたこれからの社会に求められる資質・能力を，中教審答申を受けながら具体的に示している。予測困難な社会の変化に主体的に向き合い未来の創造に関わっていけるようにするためには，これまで学校教育が育成に取り組んできた「生きる力」を再定義し，教育課程全体を通して育成を目指す資質・能力を以下の３つの要素から整理している。

ア　「何を理解しているか，何ができるか（生きて働く「知識・技能」の習得）」

イ　「理解していること・できることをどう使うか（未知の状況にも対応できる「思考力・判断力・表現力等」の育成）」

ウ　「どのように社会・世界と関わり，よりよい人生を送るか（学びを人生や社会に生かそうとする「学びに向かう力・人間性等」の涵養）」

アについては，これまで日本の教育が力を入れてきた知識や技能の習得はこれからも重要なものとし，知識の理解の質を深めていくことを求めている。

知識や技能は思考力・判断力・表現力等や学びに向かう力・人間性を涵養するためには欠かせないとし，知識の重要性を強調するとともに，新たに獲得した知識・技能を既得の知識・技能と関連付けつつ，各教科等で扱う主要な概念の理解を深め，生きて働くものとするといった知識の理解の質を深め

ていくことの重要性を強調している。

　イについて，アで述べた知識の理解の質を深めていくためには，知識を活用して思考することや，知識を関連付けていくことの重要性を述べている。

　前回の改訂時に強調された習得・活用・探究といった，知識を活用して学びの過程を充実させていくことが継続して求められ，このような知識・技能は確かな学力のみならず生きる力全体を支えるものだとしている。この知識や技能を活用して展開する思考力・判断力・表現力等は，各教科等の特質に応じつつ，教科横断的な視点によって学習の基盤となる３つの能力（言語能力，情報活用能力，問題発見・解決能力。次節で触れる）の育成を目指す中で育まれるとしている。

　ウはア・イの２つの柱をどのような方向性で働かせていくか決定づける重要な要素であり，情意・態度等に関わるものであり，子どもや学校の実態をふまえてねらいを設定し，育むべきものだとしている。よりよい社会や幸福な人生を切り拓いていくためには，主体的に学習に取り組む態度も含めた学びに向かう力や，自己の感情や行動を統制する力，よりよい生活や人間関係を自主的に形成する態度が必要となり，これらの力はメタ認知に関わる力であるとしている。このような力を育むためには，社会や世界との関わりの中で学んだことの意義を実感できるような学習活動を充実させていることが重要であるとしている。

　以上，見てきたように，今回の改訂は，前回の改訂の学習指導要領の内容を基本的に引き継ぎつつ，新たな時代の要請にあわせ，知識や技能の重要性は変わらないとしつつもそれらを活用して育まれ，実社会で生きて働く資質・能力を育てることを重点に置いたものとなっている。

2　教科横断的な視点で育てる資質・能力

　前節で見てきたように学習指導要領の改訂の重点となるのが学習の基盤となる次の３つの資質・能力の育成である。

(1)各学校においては，生徒の発達の段階を考慮し，<u>言語能力，情報活用能力（情報モラルを含む。），問題発見・解決能力等の学習の基盤となる資質・能力</u>を育成していくことができるよう，各教科・科目等の特質を生かし，教科等横断的な視点から教育課程の編成を図るものとする。
　（高等学校学習指導要領　第１章総則第２款２（１））（下線は筆者）

（1）言語能力

　言語能力は，学習活動の基盤を支える重要な役割を果たすもので，すべての教科等における資質・能力の育成や学習の基盤となるものであり，その向上は学びの質の向上や資質・能力のあり方に関わる重要な課題となっている。また，その育成においては国語科を要とし，外国語も含めたすべての教科等で育てていかねばならないとしている。

　中教審答申においては，言語能力を構成する資質・能力を学力の三要素から整理していた。

　言語に関する「知識・技能」については，言葉の働きや役割に関する理解，言葉の特徴やきまりに関する理解と使い分け，言葉の使い方に関する理解と使い分け，言語文化に関する理解，既有知識（教科に関する知識，一般常識，社会的規範等）に関する理解をあげ，言葉の働きや役割に関する理解は，自分が用いる言葉に対するメタ認知に関わる物で言語能力を向上させる上で重要な要素だとしている。

　言語を「思考力・判断力・表現力」等の視点からみると，テクスト（情報）を理解したり，文章・発話により表現したりするための力として，情報を多面的・多角的に精査し構造化する力，言葉によって感じたり想像したりする力，感情や想像を言葉にする力，言葉を通じて伝え合う力，構成・表現形式を評価する力，考えを形成し深める力などがあるとしている。

　これら言語に関する知識やそれを活用して展開する能力が，社会や文化を創造しようとする態度や，自分のものの見方や考え方を広げ深めようとする態度，集団としての考えを発展・深化させようとする態度，心を豊かにしよ

うとする態度，自己や他者を尊重しようとする態度，自分の感情をコントロールして学びに向かう態度，言語文化の担い手としての自覚を育むとしている（平成28年度12月中教審答申　別紙2－1）。

（2）情報活用能力

　情報活用能力は，世の中のさまざまな事象を情報とその結びつきとして捉え，情報および情報技術を適切かつ効果的に活用して問題を発見したり自分の考えを形成したりしていくために必要な資質・能力で，主にコンピュータやネットワークを用いて情報を活用し問題解決を図っていく資質・能力である。予測困難な社会では，情報を主体的に捉えながら，何が重要かを主体的に考え，見出し，情報を活用しながら他者と協働し，新たな価値の創造に挑むために情報活用能力は重要な力であり，コンピュータの活用によって情報を収集・整理・活用する力であり，すべての教科等で情報技術を活用し学習活動の充実を図ることを求めている。具体的には，情報手段の基本的な操作，プログラミング的思考，情報モラル，情報セキュリティ，統計等に関する資質・能力等も含むものとなっている（これらについての詳細は文部科学省「教育の情報化に関する手引」2019年によって示されている）。

（3）問題発見・解決能力

　問題発見・解決能力は，各教科等において物事の中から問題を見出し，その問題を定義し解決の方向性を決定し，解決方法を探して計画を立て，結果を予測しながら実行し，振り返って次の問題発見・解決につなげていく過程を重視した深い学びによって育まれる資質・能力である。各教科等においてそれぞれの分野における問題の発見・解決に必要な力を身につけられるようにするとともに，総合的な探究の時間（小学校・中学校では総合的な学習の時間）における横断的・総合的な探究課題や，特別活動における集団や自己の生活上の課題に取り組むことなどを通じて，各教科等で身につけた力を統合的に活用できる資質・能力を育むことが重要であるとされている。

　この資質・能力を育てる中核となる総合的な学習の時間・総合的な探究の

時間の目標を比較すると次の表のようになる。小・中・高等学校での発展が
わかるよう，注目すべき部分については下線を付した。

図表１－１　総合的な学習の時間・総合的な探究の時間の目標

小学校	中学校	高等学校
(1)探究的な学習の過程において，課題の解決に必要な知識及び技能を身に付け，課題に関わる概念を形成し，探究的な学習のよさを理解するようにする。	(1)探究的な学習の過程において，課題の解決に必要な知識及び技能を身に付け，課題に関わる概念を形成し，探究的な学習のよさを理解するようにする。	(1)探究の過程において，課題の発見と解決に必要な知識及び技能を身に付け，課題に関わる概念を形成し，探究の意義や価値を理解するようにする。
(2)実社会や実生活の中から問いを見いだし，自分で課題を立て，情報を集め，整理・分析して，まとめ・表現することができるようにする。	(2)実社会や実生活の中から問いを見いだし，自分で課題を立て，情報を集め，整理・分析して，まとめ・表現することができるようにする。	(2)実社会や実生活と自己との関わりから問いを見いだし，自分で課題を立て，情報を集め，整理・分析して，まとめ・表現することができるようにする。
(3)探究的な学習に主体的・協働的に取り組むとともに，互いのよさを生かしながら，積極的に社会に参画しようとする態度を養う。	(3)探究的な学習に主体的・協働的に取り組むとともに，互いのよさを生かしながら，積極的に社会に参画しようとする態度を養う。	(3)探究に主体的・協働的に取り組むとともに，互いのよさを生かしながら，新たな価値を創造し，よりよい社会を実現しようとする態度を養う。

　これら総合的な学習の時間・総合的な探究の時間が他教科等の探究と異な
る点は以下の３点である。

①学習対象の主題・領域が特定の教科・科目等にとどまらず，横断的・
　総合的であること。
②複数の教科・科目等における見方・考え方を統合的・総合的に働かせ
　て探究すること。

③解決の道筋がすぐには明らかにならない課題や，唯一の正解が存在しない課題に対して最適解や納得解を見いだすことを重視していること。

（高等学校学習指導要領解説　総合的な探究の時間編　p.10）

　これらの目標に応じて図のような探究の見方・考え方（小学校・中学校では探究的な見方・考え方）を働かせた学習活動が展開していくことを期待している。

図表 1 － 2 　探究における生徒の学習の姿

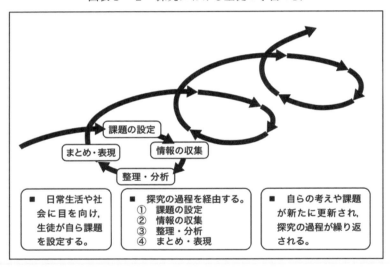

　学習指導要領では，総合的な探究の時間（総合的な学習の時間）がその他の各教科等で育まれた見方・考え方を統合・総合的に活用して，横断的・総合的な課題に取り組むことによって，汎用的な資質・能力を育む中核となっていることが理解できるだろう。

（4）カリキュラム・マネジメント

　学習の基盤となる３つの資質・能力は教科横断的な視点で行われる学習活動や総合的な学習の時間，総合的な探究の時間で育てられるが，今次の改訂では教科横断的な主題で教育課程が編成できるように，カリキュラム・マネジメントに努めることが示されている。カリキュラム・マネジメントとは教育課程を動的に展開すること（PDCA サイクルの展開），人的・物的教育資源の整備・充実，「教育の目的の実現に必要な教育の内容等を教科横断的な視点で組み立てていくこと」である。とくに汎用的な資質・能力の育成にあたってはこれまで見てきたように教科横断的な視点で教育課程を編成していくことが重要である。学校図書館は教育課程の展開に寄与するものであり，あらゆる分野の情報について収集・整理・保存・提供するものであるから，カリキュラム・マネジメントにおいても重要な役割を果たす。

3　新たな学びを支える学校図書館

　では，これまで見てきた新たな時代の教育に，学校図書館はどのように貢献できるのだろうか。高等学校学習指導要領の総則には，学校図書館について次のように示されている。

　　（6）学校図書館を計画的に利用しその機能の活用を図り，生徒の主体的・対話的で深い学びの実現に向けた授業改善に生かすとともに，生徒の自主的，自発的な学習活動や読書活動を充実すること。また，地域の図書館や博物館，美術館，劇場，音楽堂等の施設の活用を積極的に図り，資料を活用した情報の収集や鑑賞等の学習活動を充実すること。

　　　　　　　　　　（高等学校学習指導要領　第１章総則第三款１（6））

　この項の解説に，学校図書館は学校教育において欠くことのできない基礎的な設備であるとし，次の３つのセンター機能をもつことが示されている。

①読書センター

　生徒の想像力を培い，学習に対する興味・関心を呼び起こし，豊かな心や人間性，教養，想像力等を育む自由な読書活動や読書指導の場
②学習センター

　生徒の自主的・自発的かつ協働的な学習活動を支援したり，授業内容を豊かにしてその理解を深めたりする
③情報センター

　生徒や教職員の情報ニーズに対応したり，生徒の情報の収集・選択・活用能力を育成したりする

　これらの機能を活用して，読書活動の推進と各教科等のさまざまな授業で学校図書館を活用することを求めている。例えば，調べる学習や新聞活用の学習である。3つのセンター機能によって学校図書館が言語活動や探究活動の場となることにより，主体的・対話的で深い学びの実現に向けた授業改善に貢献するだろうと期待されている。また，各教科等で学校図書館を計画的に利活用することによって，生徒の自主的・自発的な学習活動や読書活動が充実する。その際各教科等を横断的に捉え，学校図書館の利活用を基にした情報活用能力等を学校全体として計画的かつ体系的に指導し，言語能力，情報活用能力や問題発見・解決能力を育てることが期待されている。そのためには，教育課程との関連をふまえた学校図書館の利用指導・読書指導・情報活用に関する各種指導計画にもとづいて，計画的・継続的に学校図書館の利活用が図られるよう努めることが必要である。

　このような学校図書館の利活用を進めていくためには，学校図書館資料の充実と学校図書館運営にあたる司書教諭および学校司書の配置・充実，その資質能力の向上の双方を図ることが重要だとされている。

　また図書館資料については，図書資料のほか，雑誌，新聞，視聴覚資料，電子資料（各種記憶媒体に記録・保存された資料，ネットワーク情報資源（ネットワークを介して得られる情報コンテンツ）等）等の図書以外の資料が含ま

れており，これらについては生徒の発達の段階等をふまえ，教育課程の展開
に寄与し，生徒の教養育成に資する構成と規模を備えることが重要だとして
いる。

　以上見てきたように，学校図書館は学習指導要領で目指されている汎用的
な資質・能力の育成，その基礎となる言語能力，情報活用能力，問題発見・
解決能力育成のために重要な機能をもった施設・設備である。これらの機能
を十分に発揮するためには学校図書館の運営が鍵となる。この総則解説では
学校図書館の館長としての役割も担う校長のリーダーシップの下，司書教諭，
学校司書をはじめとする学校図書館のスタッフとその他の教職員がそれぞれ
の立場で求められている役割を果たした上で，互いに連携・協力し，組織的
に取り組むことが重要であるとされている。

（鎌田和宏）

教育課程の編成と学校図書館

1 学校教育における教育課程

　学校図書館を活用した学習で，言語能力，情報活用能力，問題発見・解決能力等を育成するためには，長期間を見通した計画的・組織的な取り組みが必要である。それゆえ，学校図書館の利活用を教育課程に位置づける必要がある。そこで本章では教育課程の編成に学校図書館がどう関わっていくかについて述べていく。

　まず教育課程とは何かについて確認しておきたいが，これからの教育課程の役割を理解するために，教育課程とほぼ同義で使われるカリキュラムについて見ておきたい。

　カリキュラムはこれまで，教育課程を含み込む概念であった。ダニエルソンによればカリキュラムは「子どもの成長と発達に必要な文化を組織した，全体的な計画とそれに基づく実践と評価を統合した営み」とされ，子どもの成長と発達に必要な文化を意図的に組織したものであり，子どもにとって必要な文化に対する考え方が異なればカリキュラムも異なり，また計画するだけでなく実践し評価する営みであるという(注1)。

　一方，教育課程はこれまで計画の意味合いが強く，カリキュラムのように実践・評価の過程までを含み込んだ動的なものであるとは捉えられてこなかったが，近年はその意味が変化してきている。

　では，教育課程の編成基準とされている学習指導要領では教育課程はどのように定義されているだろうか。「小学校学習指導要領解説　総則編」には次のように示されている。

　　学校教育の目的や目標を達成するために，教育の内容を児童の心身の発達に応じ，授業時数との関連において総合的に組織した各学校の教育計画であると言うことができ，その際，学校の教育目標の設定，指導内容の組織及び授業時数の配当が教育課程の編成の基本的な要素になってくる。（第2章　教育課程の基準　第1節教育課程の意義）

　これによれば教育課程は教育目的・目標にもとづいて選択された教育内容を，子どもの発達の状況と授業時数をもとに編成した教育の全体計画ということができるだろう。また，「小学校の教育課程は，国語，社会，算数，理科，生活，音楽，図画工作，家庭及び体育の各教科（以下「各教科」），道徳，外国語活動，総合的な学習の時間並びに特別活動によって編成するものとする」（学校教育法施行規則　第50条）とされており，学習指導要領では各教科等の目標や指導内容を学年段階に即して示している。これら教育基本法や学校教育法をはじめとする教育課程に関連する関係法令，都道府県・市区町村の教育の目的・目標をもとに，各学校においては地域や学校の実態に応じた教育課程が編成される。

　総則の解説では教育課程編成の際には，次の3点に留意してカリキュラム・マネジメントを行うことを求めている。

①児童や学校，地域の実態を適切に把握し，教育の目的や目標の実現に必要な教育内容等を教科横断的な視点で組み立てていくこと
②教育課程の実施状況を評価してその改善を図っていくこと
③教育課程の実施に必要な人的又は物的な体制を確保するとともにその改善を図っていくこと

　①は学習指導要領の目指す汎用的資質・能力育成のために，教科横断的な視点で教育課程を編成すること，②は教育課程を動的に展開すること，③は教育課程の実施によって教育目的・目標を具現化するための人的・物的資源の整備に関するものである。これを見ると，日本の教育課程の概念が，計画

からカリキュラムのような動的・総合的なものとなってきていることがわかるであろう。

　教育課程は教育を目的的・計画的・組織的にして，教育の質・量の保障に貢献するものである。教育課程の展開に寄与することを目的とした学校図書館に関わるものは学校教育におけるその重要性を再確認しておきたい。

2　教育課程の編成と学校図書館における情報活用能力の育成

　第Ⅰ章で見てきたように，現在の学校教育は汎用的資質・能力を育てることをねらっている。とりわけ学習の基盤となる3つの能力については，その育成に重点がかけられている。教育課程の編成にあたっても，当然3つの能力の育成を視野に入れなければならない。では教育課程編成の具体的方法を確認し，学校図書館を活用して3つの資質・能力，とりわけ情報活用能力等を育成するにはどうしていけばよいか。

　教育課程編成の責任者は学校長である。学校長が全教職員の協力を得て編成する。教育課程を編成するためには以下の法令，教育政策を確認・把握することが必要である。

　　①関係法令の関連事項
　　　教育基本法
　　　学校教育法・同施行規則
　　　地方教育行政の組織及び運営に関する法律
　　　各地域の学校の管理運営に関する規則等
　　②学習指導要領
　　③地域の教育政策（都道府県，市区町村等）

これらを前提に以下の実態把握が必要である。

④地域の実態
⑤児童（または生徒）の実態
⑥学校の実態

　その上で，各学校で以下の作業をしていく。

⑦教育課程の編成に対する学校の基本方針の明確化（全教職員の共通理解）
⑧教育課程編成のための具体的な組織と日程の決定（組織的・計画的実施）
⑨学校の教育目標など，教育課程編成の基本事項の決定
⑩教育課程の編成（教育目標の実現を目指し，教育内容を選択・組織し，授業時数を配当）

　以上の教育課程編成の流れをふまえ，学校図書館の活用を図るには，まずはじめに読書・学校図書館活用の意義を学校図書館の館長でもある校長に十分認識してもらうことである。その上で，教育課程編成の一連の過程に司書教諭や校務分掌の学校図書館担当が関与するようにしていくことが重要である。
　①の関係法令の確認・把握の際には学校図書館法や子どもの読書活動の推進計画，読書バリアフリー法（視覚障害者等の読書環境の整備の推進に関する法律），文部科学省の学校図書館ガイドライン等を視野に入れるように留意したい。
　また②の学習指導要領に関しては，総則の３つの学習の基盤となる資質・能力（言語能力，情報活用能力，問題発見・解決能力）と国語科で示されている読書，学校図書館活用に関する記述，総合的な学習の時間で示されている読書，学校図書館活用に関する記述，その他各教科等，特別活動に関する記述等，読書の指導，学校図書館関係記述を洗い出し，提示できるようにしておきたい。これらについては全国学校図書館協議会『学校図書館』誌（月

刊）が学習指導要領関係の特集等を組んでいるので参照するとよいだろう。

　③は重要で，地域の教育行政の重点の多くに，読書活動に関することが存在する。とくに配慮したいのは子どもの読書活動の推進に関する法律に関係するところである。同法では「子ども読書活動推進基本計画」策定を，国には義務，都道府県・市区町村には努力義務としている。これらについても視野に入れる必要がある。

　②③の作業の際に視野に入れたいのが関連する研究成果である。とくに情報活用能力等の育成をどのように考えていくかについては，全国学校図書館協議会の「情報資源を活用する学びの指導体系表」や，鳥取県教育委員会の「学校図書館を活用する事で身に付けたい情報活用能力」（鳥取県立図書館学校図書館支援センター），島根県松江市の「『学び方指導体系表』～子どもたちの情報リテラシーを育てる～」（松江市教育委員会学校図書館支援センター）などは是非とも参照したい研究成果である。また文部科学省の情報活用能力の指定研究（IE-School，ICT-School 等）の成果も参照しておきたい。

　④⑤⑥については教育課程編成の際にふまえるべき実態についてである。司書教諭としては，各実態を把握する際，読書や学校図書館活用や学校図書館の資料・施設・設備に関する実態についても把握・提示し，教育課程編成の際の参考となるようにしたい。自分の学校の読書に関する実態を評価する際には全国調査等が参考となる。全国学校図書館協議会・毎日新聞による「学校読書調査」，全国学校図書館協議会による「学校図書館調査」はまず見ておかねばならないものだろう[注2]。その他子供の読書活動推進計画に関する調査研究等[注3]についても目を通しておきたい。

　⑦～⑩が各学校で行われる実際の教育課程編成作業となる。⑦⑨については読書の指導や学校図書館の活用が位置づけられるように，⑩については実際に編成される教育課程に読書指導と学校図書館活用が位置づけられるようにしていくことが司書教諭や学校図書館担当者の役割となる。ここで司書教諭や学校図書館担当者は学校図書館の全体計画や利用指導，読書指導，情報活用に関する各種指導計画を作成すると思われる。それらは学校図書館経営の基本であるから必須のものであるが，各学年，各教科等の年間指導計画等

に，読書の指導や学校図書館の活用が位置づけられるように働きかけなくてはならない。とくに 2020 年から本格的に始まった学習指導要領では，汎用的な資質・能力の育成を目指しており，それらを育成するためには教科横断的な視点で教育課程の編成に取り組まねばならないとしている。例えば，単元一覧表を作成し，単元間に関連性があるか，連続性・発展性が考えられないか，言語能力，情報活用能力，問題発見・解決能力の視点から検討する必要がある。国語科や総合的な学習の時間等を核にして，教科等をつなげ合科的な単元を作成したり，単元間，教科間で子どものどのような資質・能力が発展していくかを構想したりして，言語能力，情報活用能力，問題発見・解決能力が育成される年間指導計画等を作成して教育課程を編成していくことが求められている。

3　主体的・対話的で深い学びと学校図書館

　学習指導要領では，これまで重要とされてきた知識・技能に加え，それらを活用して思考力・判断力・表現力等を育て，学ぶことに意義を見出し主体的に学び，学びを人生や社会に生かそうとする人間性の涵養を期している。

　そのような中，授業改善の視点として主体的・対話的で深い学びによる授業改善の必要性が強調されている。生きて働く知識・技能の習得など，新しい時代に求められる資質・能力を育成し，質の高い理解を図るための学習過程の質的改善が必要とされ，それを具現化する授業改善に取り組むことが求められている。

　この主体的・対話的で深い学びは，これまでアクティブ・ラーニングの語で語られてきた。2014 年に文部科学大臣によって「初等中等教育における教育課程の編成基準等の在り方について」が諮問された際に示されたものであった。諮問には「「何を教えるか」という知識の質や量の改善はもちろんのこと，「どのように学ぶか」という，学びの質や深まりを重視することが必要であり，課題の発見と解決に向けて主体的・協働的に学ぶ学習（いわゆる「アクティブ・ラーニング」）や，そのための指導の方法等を充実させて

いく必要があります」とあり，これが中教審で審議される中ではアクティブ・ラーニングとして議論され，学習指導要領では主体的・対話的で深い学びとして示されるようになった。

　主体的・協働的・活動的に学ぶ際に，学校図書館はきわめて重要な役割を果たしうる。図表2−1を参照にされたい。

図表2−1　ActiveLearning を促進する学校図書館

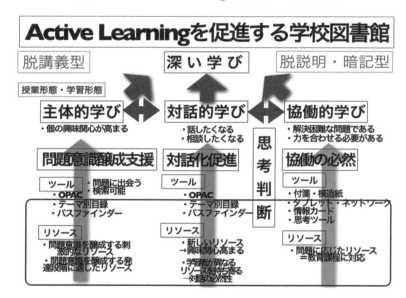

　主体的に学ぶためには学びたい主題が他人事ではなく自分事になっていなくてはならない。問題意識の醸成が必要となる。問題意識をもつためには，興味がもてる主題との出会いが不可欠である。これには体験活動がきわめて有効だが，それ以外にも子どもの経験を広げる資料による事象との出会いが有効である。これまでの学校教育では教科書という主たる教材と限られた資料で展開することが多かったが，学校図書館を整備しその資料を活用すれば，多くの，そして多様な視点から構成された資料から問題意識を醸成すること

ができるだろう。

　そのような問題意識をもち，探究を進め，新たな知識等を得ればだれかに話したくなるのは人情である。また課題が単独で解決できなければだれかと力を合わせて取り組まねばならず，探究は自然と対話的・協働的になるのである。対話することで，自らが求めることが明確になったり，考えが深まったりすることもあるだろう。このような過程では新たな資料が必要になり，その多様な資料の検討からは思考が広がり，深まっていく。

　このような探究の過程を経ることで深い学びが生まれていくのである。学校図書館は課題の設定，情報の収集，整理・分析，まとめ・表現といった探究的な学習において，学習者の学びを主体的・対話的で深くするために有効な働きをするのである（p.20 図表１−２参照）。

　また，探究的な学習を展開するには，資料等から自分が求める事実や考え等を読みとる力が不可欠である。もちろん，探究的な学習の過程において必要感にもとづいて読むことへの意欲が高まり，読む力が育てられていくこともある。ただ，読む力の育成にはきわめて長い時間が必要である。長期間の見通しの中で，子どもが読書の習慣を形成し，読書を楽しみながら，より広く，深く読めるようになっていくように指導していくことが必要である。

（鎌田和宏）

〈注〉
（注１）田中耕治「１　教育課程（カリキュラム）とは何か」田中耕治編『よくわかる教育課程』第２版　ミネルヴァ書房　2018 年　p.3
（注２）「学校読書調査」は全国学校図書館協議会と毎日新聞によって毎年６月の第１・２週に実施され，調査結果と分析は，例年同会の機関誌『学校図書館』の 11 月号に掲載され，翌年『読書世論調査』（毎日新聞社刊）として公表されている。「学校図書館調査」は全国学校図書館協議会によって毎年６月に実施され，調査結果と分析は例年同会の機関誌『学校図書館』の 12 月号に掲載されている。なお，両調査の結果の一部は，同会のウェブサイトでも見ることができる。
（注３）文部科学省による委託調査の結果については以下を参照されたい。（https://www.kodomodokusyo.go.jp/happyou/datas.html [2020 年 5 月 25 日現在参照可]）

学習指導要領と学校図書館

1　学習指導要領総則における学校図書館

（1）学習指導要領の改訂と学校図書館

　学習指導要領の改訂とともに，学校図書館にかかわる教育活動は変遷してきた。1958（昭和 33）年から 2008（平成 20）年の学習指導要領を概観し，学校図書館の位置づけを確認する。

　学習指導要領総則に学校図書館に関する記述があらわれるのは，1958（昭和 33）年である。「学校図書館の資料や視聴覚教材などについては，これを精選して活用すること」と述べられている。これは，1948（昭和 23）年に『学校図書館の手引』が出版され，1953（昭和 28）年に学校図書館法が制定されたことを受けたものである。教育課程を編成するために，学校図書館の資料をよく見分けて選び，活用することの必要性を指摘する内容である。

　1968（昭和 43）年の改訂では，「教科書その他の教材・教具を活用し，学校図書館を計画的に利用すること」とあり，教科書その他の教材・教具と並列して学校図書館が位置づけられた。小学校の特別活動「学級指導」で学校図書館の利用指導についての項目があり，利用の指導が明確化されている。また，小学校国語科の「読むことの指導」に学校図書館における指導との関連についての項目があり，読書活動と教科の学習との関連について言及されている。続く 1977（昭和 52）年の改訂では，「視聴覚教材などの教材・教具や学校図書館を計画的に利用すること」とあり，大きな変化はない。しかし，中学校の特別活動「学級指導」に，学校図書館の利用指導についての項目が入れられた。

　1989（平成元）年の改訂では，「視聴覚教材や教育機器などの教材・教具

の適切な活用を図るとともに，学校図書館を計画的に利用してその機能の活用に努めること」とある。これは，「自ら学び，自ら考える」という学力観を反映しており，計画的利用にとどまることなく，さらに学校図書館の機能を活用する必要性が示される記述へと変化した。

　さらに，1998（平成10）年には，「総合的な学習の時間」が創設されたことを受け，「各教科等の指導に当たっては，児童がコンピュータや情報通信ネットワークなどの情報手段に慣れ親しみ，適切に活用する学習活動を充実するとともに，視聴覚教材や教育機器などの教材・教具の適切な活用を図ること」「学校図書館を計画的に利用しその機能の活用を図り，児童の主体的，意欲的な学習活動や読書活動を充実すること」と改訂された。「視聴覚教材や教育機器などの教材・教具」と並列に記述されていた「学校図書館」が，ここで独立した項目として位置づけられた。これは，学校図書館が読書活動を充実させると同時に，情報活用能力を育て，探究的な学習を展開する上で重要な役割をもつことをあらわしたという点で大きな転換点といえる。

　2008（平成20）年の改訂では，「各教科等の指導に当たっては，児童がコンピュータや情報通信ネットワークなどの情報手段に慣れ親しみ，コンピュータで文字を入力するなどの基本的な操作や情報モラルを身に付け，適切に活用できるようにするための学習活動を充実するとともに，これらの情報手段に加え視聴覚教材や教育機器などの教材・教具の適切な活用を図ること」「学校図書館を計画的に利用しその機能の活用を図り，児童の主体的，意欲的な学習活動や読書活動を充実すること」とある。項目の前者は，コンピュータ操作や情報モラルという用語が用いられ，時代の変化に対応した内容になっている。情報センターとしての機能が具体的に示されている。項目の後者は，1998年と変化は見られない。しかし，各教科等の内容に学校図書館についての言及が見られる。国語科・総合的な学習の時間はすべての校種で，社会科は小学校，特別活動は小学校・中学校，美術科は中学校・高等学校，音楽科は高等学校で，学校図書館の利用をあげている。これらは，知識基盤社会で生きる力を育成するために言語活動が重視されたことを反映したものである。

（2）2017（平成 29）年告示学習指導要領総則と学校図書館

　2017（平成 29）年の改訂で，知識の理解の質を高め資質・能力を育む「主体的・対話的で深い学び」の実現が求められた。

　小学校学習指導要領総則では，「第 3　教育課程の実施と学習評価」の「1　主体的・対話的で深い学びの実現に向けた授業改善　各教科等の指導に当たっては，次の事項に配慮するものとする」に以下の 3 項目の記述がある。

　　（2）第 2 の 2 の（1）に示す言語能力の育成を図るため，各学校において必要な言語環境を整えるとともに，国語科を要としつつ各教科等の特質に応じて，児童の言語活動を充実すること。あわせて，（7）に示すとおり読書活動を充実すること。

　　（3）第 2 の 2 の（1）に示す情報活用能力の育成を図るため，各学校において，コンピュータや情報通信ネットワークなどの情報手段を活用するために必要な環境を整え，これらを適切に活用した学習活動の充実を図ること。また，各種の統計資料や新聞，視聴覚教材や教育機器などの教材・教具の適切な活用を図ること。あわせて，各教科等の特質に応じて，次の学習活動を計画的に実施すること。

　　ア　児童がコンピュータで文字を入力するなどの学習の基盤として必要となる情報手段の基本的な操作を習得するための学習活動

　　イ　児童がプログラミングを体験しながら，コンピュータに意図した処理をおこなわせるために必要な論理的思考力を身に付けるための学習活動

　　（7）学校図書館を計画的に利用しその機能の活用を図り，児童の主体的・対話的で深い学びの実現に向けた授業改善に生かすとともに，児童の自主的，自発的な学習活動や読書活動を充実すること。また，地域の図書館や博物館，美術館，劇場，音楽堂等の施設の活用を積極的に図り，資料を活用した情報の収集や鑑賞等の学習活動を充実すること。

　中学校および高等学校学習指導要領総則では，「児童」を「生徒」に変更した上で，（2）（7）は同様の記述となっている。（3）は，「あわせて，各教科等の特質に応じて，次の学習活動を計画的に実施すること。」以下ア・イの内容は，情報活用の基本的事項として小学校のみで記述されている。

　上記3項目から，学校図書館の読書センター，学習センター，情報センターの機能を整理する。

　第1に，読書センターとしての学校図書館である。児童・生徒の自主的，自発的な読書活動のために，学校図書館の計画的な利用や機能の活用が必要とされている。学校図書館は，児童・生徒にとって豊かな人間性や想像力を育み，未来を切りひらく「生きる力」を支える読書のための空間なのである。

　第2に，学習センターとしての学校図書館である。各種の統計資料や新聞，視聴覚教材や教育機器などの教材・教具を活用しながら自ら学ぶ力が求められている。自主的，自発的な学習活動のためには，自ら問いをもち，資料・情報を検索・収集・分析し，課題を解決する探究型学習が不可欠である。さらに，各教科で言語能力を育成するための言語環境を整える必要がある。そこで学校図書館の学習センターとしての機能が求められるのである。

　第3に，情報センターとしての学校図書館である。コンピュータや情報通信ネットワークなどの情報手段を活用しながら情報活用能力を育成することが強く求められている。情報を多面的，多角的に捉えることと同時に，自ら発信していくメディア・リテラシーを育む情報センターとしての学校図書館の活用が期待されている。

2　言語能力の育成と学校図書館

　中央教育審議会答申（2016）によれば，「資質・能力」とは次の3つの要素が複合した学力である。①「何を理解しているか，何ができるか（生きて働く「知識・技能」の習得）」②「理解していること・できることをどう使うか（未知の状況にも対応できる「思考力・判断力・表現力等」の育成）」③「どのように社会・世界と関わり，よりよい人生を送るか（学びを人生や

社会に生かそうとする「学びに向かう力・人間性等」の涵養）」である。このような資質・能力を育成するために，教科横断的な視点で教育課程の編成を図ることが必要であるというのである。小・中学校学習指導要領総則では，「言語能力」「情報活用能力」「問題発見・解決能力」が学習の基盤となる資質・能力であると述べている。さらにこれを受けて，「第3　教育課程の実施と学習評価」で「言語能力」の育成について述べている。

　　（2）第2の2の（1）に示す言語能力の育成を図るため，各学校において必要な言語環境を整えるとともに，国語科を要としつつ各教科等の特質に応じて，児童（生徒）の言語活動を充実すること。あわせて，（7）に示すとおり読書活動を充実すること。

　言語能力の育成のために「言語環境・言語活動・読書活動」の充実が必要であるとしている。では，この3つと学校図書館の関係および言語能力を育成するために学校図書館が果たす役割とはどのようなものだろうか。
　まず，言語環境の整備は，すべての教育活動で求められる。学校図書館では本の配架や本の選定という整備がある。小学校国語科の学習指導要領「第3　指導計画の作成と内容の取扱い」にその記述がある。

　　（3）第2の内容の指導に当たっては，学校図書館などを目的をもって計画的に利用しその機能の活用を図るようにすること。その際，本などの種類や配置，探し方について指導するなど，児童が必要な本などを選ぶことができるように配慮すること。なお，児童が読む図書については，人間形成のため偏りがないよう配慮して選定すること。

　言語環境を整えることにより，学習者の適切な選書を可能にし，指導に生かすことができるという役割を果たしている。
　次に，言語活動の充実については，小学校・中学校国語科「読むこと」の言語活動例としてすべての学年で例示されている。図鑑や科学読み物，事典

を読んでわかったことをまとめたり説明したりする言語活動から，複数の本や情報をもとに考えをまとめたり報告したりする言語活動へと広げることが示されている。多様な情報を説明したり提案したり，実生活への生かし方を考えたりすることで言語活動を豊かにする役割を果たしている（図表3－1参照）。

図表3－1　学校図書館の活用に関する学年別言語活動例

学年	「読むこと」言語活動例　ウ
小学校　第1学年及び第2学年	学校図書館などを利用し，図鑑や科学的なことについて書いた本などを読み，わかったことなどを説明する活動
小学校　第3学年及び第4学年	学校図書館などを利用し，事典や図鑑などから情報を得て，わかったことなどをまとめて説明する活動
小学校　第5学年及び第6学年	学校図書館などを利用し，複数の本や新聞などを活用して，調べたり考えたりしたことを報告する活動
中学校　第1学年	学校図書館などを利用し，多様な情報を得て，考えたことなどを報告したり資料にまとめたりする活動
中学校　第2学年	本や新聞，インターネットなどから集めた情報を活用し，出典を明らかにしながら，考えたことなどを説明したり提案したりする活動
中学校　第3学年	実用的な文章を読み，実生活への生かし方を考える活動

　最後に，言語能力の育成に欠かせない読書活動である。読書活動には学校図書館の活用が必要であることはいうまでもない。言語能力を育成するために教材と読書について，小学校国語科「第3　指導計画の作成と内容の取扱い」に次のように示されている。

　（1）教材は，第2の各学年の目標及び内容に示す資質・能力を偏りなく養うことや読書に親しむ態度の育成を通して読書習慣を形成することをねらいとし，児童の発達の段階に即して適切な話題や題材を精選して調和的に取りあげること。また，第2の各学年の内容の〔思考力，判断力，表現力等〕の「A話すこと・聞くこと」，「B書くこと」及び「C読むこと」のそれぞれの（2）に掲げる言語活動が十分行われるよう教

材を選定すること。

　ここでは，国語の教材を通して読書習慣を形成するとしている。教科書に取り上げられる教材のみならず，共通したテーマや同じ作者による本や資料を学校図書館で利用できるようにして学習と連携させる。効果的な読書活動を可能にすると同時に読書を習慣にしていくという役割を果たしているのである。

3　各教科等における学校図書館

　2017（平成 29）年告示小・中学校学習指導要領の各教科で読書の指導，学校図書館の活用についてどのように書かれているのだろうか。
　読書の指導については，要の教科としての国語科の各学年で示されている。学校図書館の活用については，国語科・社会科・美術科（中学校のみ）・総合的な学習の時間・特別活動において記述されている。

（1）国語科における読書の指導

　国語科では，学年目標と学年の指導事項の中に読書についての記述がある。従来は，学年目標と，「読むこと」の目標に読書という用語が用いられているのみであった。指導事項では読書という記述は見られないものの，読むことの活動に内包されていた。しかし今回〔知識及び技能〕として読書が位置づけられたことの意義は大きい。
　学年目標を見ると，「学びに向かう力，人間性等」に関して「読書をすること」が系統的に示されている。小学校第 1 学年および第 2 学年では「楽しんで」，第 3 学年および第 4 学年では「幅広く」，第 5 学年および第 6 学年では「進んで」読書をすることに，中学校第 1 学年では「進んで」，第 2 学年では「生活に役立て」，第 3 学年では「自己を向上させ」読書をすることに重点を置いている。
　学習指導要領の内容〔知識及び技能〕（3）我が国の言語文化に関する事

項エ（小学校），オ（中学校）に読書の指導を位置づけている（図表3－2
参照）。

図表3－2　読書に関する学年別指導事項

学年	指導事項
小学校　第1学年及び第2学年	読書に親しみ，いろいろな本があることを知ること
小学校　第3学年及び第4学年	幅広く読書に親しみ，読書が，必要な知識や情報を得ることに役立つことに気付くこと
小学校　第5学年及び第6学年	日常的に読書に親しみ，読書が自分の考えを広げることに役立つことに気付くこと
中学校　第1学年	読書が，知識や情報を得たり，自分の考えを広げたりすることに役立つことを理解すること
中学校　第2学年	本や文章などには，様々な立場や考え方が書かれていることを知り，自分の考えを広げたり深めたりする読書に生かすこと
中学校　第3学年	自分の生き方や社会との関わり方を支える読書の意義と効用について理解すること

（2）各教科等における学校図書館の活用

　学校図書館の活用に関する記述は，国語以外では，社会，美術（中学校のみ），
総合的な学習の時間，特別活動の「第3　指導計画の作成と内容の取扱い」
に見られる（図表3－3参照）。

図表3－3　教科別学校図書館の活用

教科	小学校学習指導要領	中学校学習指導要領
社会	学校図書館や公共図書館，コンピュータなどを活用して，情報の収集やまとめなどを行うようにすること	情報の収集，処理や発表などに当たっては，学校図書館や地域の公共図書館などを活用するとともに，コンピュータや情報通信ネットワークなどの情報手段を積極的に活用し，指導に生かすことで，生徒が主体的に調べ分かろうとして学習に取り組めるようにすること

美術		生徒が造形的な視点を豊かにもつことができるよう，生徒や学校の実態に応じて，学校図書館等における鑑賞用図書，映像資料等の活用を図ること
総合的な学習の時間	学校図書館の活用，他の学校との連携，公民館，図書館，博物館等の社会教育施設や社会教育関連団体等の各種団体との連携，地域の教材や学習環境の積極的な活用などの工夫を行うこと	
特別活動	学ぶことの意義や現在及び将来の学習と自己実現とのつながりを考えたり，自主的に学習する場としての学校図書館等を活用したりしながら，学習の見通しを立て，振り返ること	現在及び将来の学習と自己実現とのつながりを考えたり，自主的に学習する場としての学校図書館等を活用したりしながら，学ぶことと働くことの意義を意識して学習の見通しを立て，振り返ること

　社会科では，情報収集や整理のために学校図書館を活用することが位置づけられている。同時にコンピュータなどの機器の活用も求められている。美術科では，鑑賞用図書や映像を活用するとある。視覚的資料としてのマルチメディア教材の充実が今後も必要になる。総合的な学習の時間では，学校図書館のみならず地域の施設・団体・地域の教材や学習環境の活用が求められている。その拠点として学校図書館が機能することになる。特別活動では，自主的に学習する場として学校図書館が位置づけられている。生涯学習の場所，居心地のよい居場所としての学校図書館の意義は，今後さらに求められていくだろう。

4　探究的学習と学校図書館

　「主体的・対話的で深い学び」の実現について，中央教育審議会答申（2016）で提示され，深い学びについて次のように述べている。

　　③各教科等で身に付けた資質・能力によって支えられた，物事を捉える視点や考える方法である「見方・考え方」を活用し，知識を相互

に関連付けてより深く理解したり，情報を精査して考えを形成したり，問題を見いだして解決策を考えたり，思いや考えを基に構想して意味や価値を創造したりすることに向かう「深い学び」が実現できているか。

　各教科等で習得した概念（知識）や思考力等も含め，身に付けた資質・能力を「見方・考え方」を活用しながら発揮して，知識を相互に関連付けたり，問題解決等に向けた探究を行ったりする中で，資質・能力の三つの柱に示す力を総合的に育成する場面が設定されることが重要である。教員はこの中で，教える場面と，子供たちに思考・判断・表現させる場面を効果的に設計し関連させながら指導していくことが求められる。

　ここでは，「見方・考え方」を活用すること，知識を相互に関連づけること，問題解決等に向けた探究を行うことの重要性が指摘されている。問題解決等に向けた探究とは，具体的には「情報の精査・考え形成・問題発見・問題解決・意味や価値の創造」であり，それらを通して深い学びが実現されるとしている。それに続いて，学校図書館の役割を次のように述べている。

　「主体的・対話的な学び」の充実に向けては，読書活動のみならず，子供たちが学びを深めるために必要な資料（統計資料や新聞，画像や動画等も含む）の選択や情報の収集，教員の授業づくりや教材準備等を支える学校図書館の役割に期待が高まっている。公共図書館との連携など，地域との協働も図りつつ，その機能を充実させていくことが求められる。資料調査や，本物の芸術に触れる鑑賞の活動等を充実させる観点からは，博物館や美術館，劇場等との連携を積極的に図っていくことも重要である。

　学校図書館は情報活用能力の育成や問題発見・解決能力の育成に資する役

割を担っているのである。

　情報活用能力や問題発見・解決能力としての探究的な学習は，答申をふまえて改訂された 2017（平成 29）年告示の学習指導要領の総合的な学習の時間の目標に次のように掲げられている。

　　探究的な見方・考え方を働かせ，横断的・総合的な学習を行うことを通して，よりよく課題を解決し，自己の生き方を考えていくための資質・能力を次のとおり育成することを目指す。
　　（１）探究的な学習の過程において，課題の解決に必要な知識及び技能を身に付け，課題に関わる概念を形成し，探究的な学習のよさを理解するようにする。
　　（２）実社会や実生活の中から問いを見いだし，自分で課題を立て，情報を集め，整理・分析して，まとめ・表現することができるようにする。
　　（３）探究的な学習に主体的・協働的に取り組むとともに，互いのよさを生かしながら，積極的に社会に参画しようとする態度を養う。

　総合的な学習の時間で育成される「課題設定・情報収集・整理・分析・表現」する力は，主体的で深い学びを実践するために必要な力である。そして同時に，従来から学校図書館では調べ学習と呼ばれてきたものでもある。その蓄積をもとに学校図書館の情報センターおよび学習センターとしての役割が，今後一層求められているのである。

（坂本喜代子）

学校図書館における情報活用能力の育成

1　学校図書館における情報活用能力等の育成

　学校図書館は情報センターとしての機能をもち，主として情報活用能力の育成が期待されるとされてきた。2020年度より順次各学校段階で本格的に始まっている学習指導要領を見ると，情報活用能力のみならず，言語能力，問題発見・解決能力を育成することが期待されていると考えられる。

（1）情報活用能力

　学習指導要領において，情報活用能力とは「<u>世の中の様々な事象を情報とその結びつきとして捉え，情報及び情報技術を適切かつ効果的に活用して，問題を発見・解決したり自分の考えを形成したりしていくために必要な資質・能力</u>」（下線は筆者，以下同様）^{（注1）}としている。続けて「将来の予測が難しい社会において，<u>情報を主体的に捉えながら，何が重要かを主体的に考え，見いだした情報を活用しながら他者と協働し，新たな価値の創造に挑んでいく</u>ためには，情報活用能力の育成が重要となる。また，情報技術は人々の生活にますます身近なものとなっていくと考えられるが，そうした情報技術を手段として学習や日常生活に活用できるようにしていくことも重要となる」としている。ただ，この能力の具体を知ろうと解説編を続けて見ていくと，主としてICT機器の活用に関する情報機器の基本的な操作であったり，プログラミング的思考，情報モラル・セキュリティーに関するものであったりとして示されている。改訂前の学習指導要領よりもICTに関わる記述に重点がかけられているようである。学校図書館で育成される能力については，基本的にはこれまで同様，情報活用能力によりつつも，言語能力，問題発見・

解決能力を加えて視野に入れるべきであろう。

（2）問題発見・解決能力

　問題発見・解決能力については「各教科等において，<u>物事の中から問題を見いだし，その問題を定義し解決の方向性を決定し，解決方法を探して計画を立て，結果を予測しながら実行し，振り返って次の問題発見・解決につなげていく過程</u>を重視した深い学びの実現を図ることを通じて，各教科等の<u>それぞれの分野における問題の発見・解決に必要な力を身に付けられるようにするとともに，総合的な学習の時間における横断的・総合的な探究課題や，特別活動における集団や自己の生活上の課題に取り組むこと</u>などを通じて，各教科等で身に付けた力が<u>統合的に活用</u>できるようにすることが重要である」^(注2)としている。情報活用能力と比較すると，各教科等との関連，過程を重視した学びであること，各教科等で身につけたことが，総合的な学習の時間・特別活動での学習で統合的に活用されることが示されていることが特徴的であろう。この記述から総合的な学習の時間の重要性を再度認識するべきであることも強調しておきたい。この問題発見・解決能力は総合的な学習の時間の学習指導要領解説に具体的に示されている。

　総合的な学習の時間の目標には，よりよく課題を解決し，自己の生き方を考えていくための資質・能力を育成するために探究的な見方・考え方を働かせて横断的・総合的な学習を行うことが示されており，探究的な学習の過程において発揮される知識・技能・概念・主体性・協働性の重要性が示されている。これを具体的なレベルで「実社会や実生活の中から問いを見いだし，自分で課題を立て，情報を集め，整理・分析して，まとめ・表現すること」として示している。これは，従前の学習指導要領（平成20年度版）でも示されている。小学校・中学校・高等学校について共通に示されているが，小学校を例に取ると以下のように書かれている。

　「児童は，①日常生活や社会に目を向けた時に湧き上がってくる疑問や関心に基づいて，自ら課題を見付け，②そこにある具体的な問題について情報を収集し，③その情報を整理・分析したり，知識や技能に結び付けたり，考

えを出し合ったりしながら問題の解決に取り組み，④明らかになった考えや意見などをまとめ・表現し，そこからまた新たな課題を見付け，更なる問題の解決を始めるといった学習活動を発展的に繰り返していく。要するに探究的な学習とは，物事の本質を探って見極めようとする一連の知的営みのことである」(注3) このような学びの過程を経ることによって，事象を捉える感性・問題意識が高まり，各教科等で身につけた知識・技能の有用性が実感され，概念等が具体性を増して理解されるというのである。このあとに注意すべき記述がある。「ただし，この①②③④の過程を固定的に捉える必要はない。物事の本質を探って見極めようとするとき，活動の順序が入れ替わったり，ある活動が重点的に行われたりすることは，当然起こり得ることだからである」(注4)。ここで，図表1－2（p.20）で示された探究的な学習の過程を固定的に捉えるのではなく，学習者や展開の必然性に応じて柔軟に捉えることが重要だとしているのである。

（3）言語能力

　学習指導要領では，学習の基盤となる能力として情報活用能力，問題発見・解決能力と並列的に説明されているが，言語能力は情報活用能力，問題発見・解決能力の基盤となっている。「言葉は，児童の学習活動を支える重要な役割を果たすものであり，<u>全ての教科等における資質・能力の育成や学習の基盤となるものである</u>。教科書や教師の説明，様々な資料等から新たな知識を得たり，事象を観察して必要な情報を取り出したり，自分の考えをまとめたり，他者の思いを受け止めながら自分の思いを伝えたり，学級で目的を共有して協働したりすることができるのも，言葉の役割に負うところが大きい。したがって，言語能力の向上は，児童の学びの質の向上や資質・能力の育成の在り方に関わる重要な課題として受け止め，重視していくことが求められる」(注5)とあるように，知的な側面，情意に関わる側面，コミュニケーションの側面とすべての基盤となるものであり，当然情報活用能力，問題発見・解決能力の基盤ともなるものである。この言語能力は教室での国語科を中心とする教科等での学びで育つが，自主的な読書や学校図書館の活用によって

一層豊かでたしかなものとなっていく。

（4）探究的な学習と学校図書館

　学習指導要領の総合的な学習の時間には「学校図書館の活用，他の学校との連携，公民館，図書館，博物館等の社会教育施設や社会教育関係団体等の各種団体との連携，地域の教材や学習環境の積極的な活用などの工夫を行うこと」[注6]との記述がある。

　総合的な学習の時間における探究的な学習の過程では，さまざまな事象について調べる学習活動が行われるため，豊富な資料・情報が必要となる。ただ，総合的な学習の時間には他の教科等とは異なり検定を経た教科書は存在しないので，教材を提供する学校図書館やコンピュータ室の活用が必須となるのである。学校図書館の「読書センター」「学習センター」「情報センター」機能を充実させ，総合的な学習の時間のカリキュラムに対応した学校図書館コレクションを構築することによって，授業での活用が可能となる。図書資料，新聞，パンフレット等を活用して作成したファイル資料，映像資料，ネットワーク情報資源等から授業で活用される資料をそろえ，提供できるようにしておくことが必要である。とくに総合的な学習の時間では，現代的課題や地域の主題を扱うことが多い。教科書等ではカバーできない最新の話題や地域に関する資料の収集と組織化は重要である。地域の資料は書籍形態のものだけではない。パンフレットやリーフレット，新聞記事の切り抜きや地図，写真といったさまざまな形態をとっている。それら

図表4－1　ファイル資料を入れた書棚

を台紙に貼ったり，フォルダーに入れ，ファイルボックスに入れたりして一定の形式に整え，体系的に分類し利用しやすくしたファイル資料が重要である。

　これらの資料を児童・生徒が必要に応じて探せるようにすること，すなわち学校図書館の利用に関する指導も重要である。図書資料等は分類にしたがって配架するか，公共図書館の郷土資料のコーナーなどのように郷土資料のコーナーなどを作って別置してもよい。冊子目録を作成してもよいだろう。

2　前史としての学校図書館利用指導の展開

　前節では現在の学校図書館で育てる能力について概観したが，学校図書館を利用する力やそこで育てられる能力等については，これまでどのように考えられ，実施されてきたのだろうか。

　学校図書館に関する指導は，これまで「図書館教育」や「利用指導」という語で呼ばれてきた。第二次世界大戦後，新教育の導入にともない，新しい学校図書館の理念が導入され，文部省によって 1948 年に『学校図書館の手引』[注7] 1949 年に「学校図書館基準」が発表された。その後，基準は 3 回，手引きはタイトルを少しずつ変えながら 1987 年まで 11 点発行されている。1959 年の『学校図書館運営の手びき』[注8] で「図書館教育」は「図書と図書館の内容や機能について広く知り，これをみずから自由に使いこなしていく技術や態度を身につけさせる組織的な指導」と定義されている。1961 年の『小中学校における学校図書館利用の手引き』[注9] では用語が整理され，「図書館教育」ではなく「学校図書館利用指導」の語が使われるようになった。「学校図書館利用指導」は「学校図書館および学校図書館資料の利用に関するスキル（skill）の指導」と定義され「現場その他で狭義の図書館教育という名でよばれていたものと，基本的立場においてかわりないもの」とされた。1983 年の手引きである『小学校，中学校における学校図書館の利用と指導』ではそれまで行われてきた，図書館教育，学校図書館利用指導が技能の一方的な伝達に偏るきらいがあったとして，狭義に解釈されがちであった「利用

図表 4 - 2　小学校，中学校における学校図書館の利用と指導

```
『小学校，中学校における学校図書館の利用と指導』（1983年）

A　図書館及びその資料の利用に関する事項        C　情報・資料の収集・組織と蓄積に関する事項
　1. 図書館資料の種類や構成を知って利用          1. 必要な情報・資料を集める
　　する                                        2. 記録のとり方を工夫する
　2. 学校図書館の機能と役割を知って利用          3. 資料リストを作る
　　する                                        4. 目的に応じた資料のまとめ方を工夫す
　3. 公共図書館の機能と役割を知って利用            る
　　する                                        5. 目的に応じた伝達の仕方を工夫する
　4. 地域の文化施設の機能と役割を知って          6. 資料の保管の仕方を工夫する
　　利用する
B　情報・資料の検索と利用に関する事項        D　生活の充実に関する事項
　1. 図鑑の利用に慣れる                          1. 望ましい読書週間を身につける
　2. 国語辞典，漢和辞典などの利用に慣れる        2. 集団で読書などの活動を楽しむ
　3. 百科事典，専門事典などの利用に慣れ          3. 進んで読書などの活動を中心にした集
　　る                                            会活動に参加する
　4. 年鑑などの利用に慣れる                      4. 進んで読書などの活動を中心とした学
　5. 図書資料の検索と利用に慣れる                  校行事に参加する
　6. 図書以外の検索と利用に慣れる
　7. 目録，資料リストなどの利用に慣れる
```

指導」の語に変えて「利用と指導」という語を用い「従来の事項を整理し，児童生徒の情報を的確に処理する能力を育成する」としている[注10]。1948年の『学校図書館の手引』の「図書および図書館利用法の指導」では 14 項目であった指導項目は 1983 年の『小学校，中学校における学校図書館の利用と指導』では図表 4 - 2 のように 4 領域 21 項目になっている。これ以降文部省による学校図書館の手引きは出されていない。

　これらの学校図書館に関する指導はどのように行われてきたのだろうか。1959 年の「学校図書館基準」では，司書教諭を中心に教科や教科以外の諸指導を通して，計画的・組織的に行うことが必要だとされていた。ただしこの時点では司書教諭の養成が追いついていなかった。1968 年に改訂された小学校学習指導要領の総則で「教科書その他の教材・教具を活用し，学校図書館を計画的に利用すること」として特別活動の中の「学級指導」の内容として「学校図書館の利用指導」が位置づけられた。戦後直後は教科等の中で指導することが想定されていたが，70 年代になると特別活動等の特設時間で指導するという方法に光があてられ，80 年代の「利用と指導」の時代には再び教科等の時間の中で指導することが強調され，特設の時間，教科等の

中での指導が混在し，現在にいたっている。

3　背景となる米国の情報リテラシー教育の展開

　第2節で見てきたわが国の学校図書館の利用指導に大きな影響を与えたのはアメリカの学校図書館利用指導である。アメリカではアメリカ図書館協会らにより1917年から高等学校の学校図書館基準が出されている（1975年まで11回）。はじめは基準（standard）であったが，1988年以降は指針（guideline）として発表されている。当初の学校図書館の基準は量的基準であり，1930・40年代の基準では学校図書館は教育プログラムに役立つ資料を選択し，利用に供する役割を果たすことが強調されていた。1960年代になるとアメリカ学校図書館員協会によって『学校図書館プログラム基準』が発表され，ここでは，それまで個々の児童・生徒を対象としていた学校図書館が児童・生徒と教員を対象に授業に関わりをもつことを打ち出していた。資料と施設だけでなく，それらによって教育活動に関与することを示したのである。そして60年代の末になると『学校メディア・プログラム基準』がアメリカ学校図書館員協会と全米教育協会視聴覚教育部の協働で作成された。これは，図書を主に扱う学校図書館がマルチメディアを扱う学校図書館への転換を図るものであった。60年代から70年代の学校図書館の変化は，図書からマルチメディアを扱い，利用者である児童・生徒・教員から求められてサービスをするのではなく，積極的に働きかけ，教育プログラムを提供していくことを特徴とし，ライブラリアンからメディア・スペシャリストへの転換として捉えることができるだろう。1988年の『インフォメーション・パワー　学校図書館メディア・プログラム・ガイドライン』によれば，メディア・スペシャリストは情報の専門家，教員，学習指導コンサルタントの側面をもつとされ，1998年の『インフォメーション・パワー・学習のためのパートナーシップの構築』[注11]では学校図書館メディア・スペシャリストの目標を，児童・生徒の情報リテラシーと批判的思考を育てるために，全教科・全学年のカリキュラムに精通し，カリキュラムを開発するものとしている。情報リテラシー

とは問題解決にあたって情報ツールを利用するための技法や技能のことで，情報リテラシーを身につけた人とは，情報が必要である時を認識でき，必要な情報の所在を知る能力をもち，必要としている情報を理解し，効果的に利用できる能力をもっているとしている。

　これまで見てきたように日本の学校図書館に関する指導は，「図書館教育」にはじまり「学校図書館利用指導」そして「利用と指導」へと展開してきた（ただし実際の学校現場を見てみると，依然として「図書館教育」や「学校図書館利用指導」が混在しつつ定義不明確なまま用いられている）。これらは教育や学力に関する考え方が変化してきたことと，アメリカの学校図書館利用指導の変遷に大きな影響を受けている。すなわち学校図書館の利用方法を説明することや利用者の要求に応えるサービス等を提供することから，図書資料だけでなく多様な資料を対象とし，利用者に情報リテラシーや批判的思考力等を育てる教育プログラムを提供していく存在に変わってきたことを背景としているのである。

（鎌田和宏）

〈注〉
（注1）文部科学省『小学校学習指導要領解説　総則編』東洋館　2018年　p.50
（注2）文部科学省『小学校学習指導要領解説　総則編』東洋館　2018年　p.51
（注3）文部科学省『小学校学習指導要領解説　総合的な学習の時間編』東洋館　2018年　p.9
（注4）文部科学省『小学校学習指導要領解説　総合的な学習の時間編』東洋館　2018年　p.9-10
（注5）文部科学省『小学校学習指導要領解説　総則編』東洋館　2018年　p.49
（注6）文部科学省『小学校学習指導要領解説　総則編』東洋館　2018年　p.91
（注7）文部省編『学校図書館の手引』師範学校教科書株式会社　1948年　同書は国会図書館デジタルコレクションで公開されている。（https://dl.ndl.go.jp/info:ndljp/pid/1122721［2020年5月25日現在参照可］）
（注8）文部省『学校図書館運営の手びき』明治図書　1959年
（注9）文部省『小中学校における学校図書館利用の手引き』東洋館　1961年

（注10）文部省『小学校，中学校における学校図書館の利用と指導』ぎょうせい
1983年

（注11）アメリカ公教育ネットワークとアメリカ・スクール・ライブラリアン協会
による同書には，日本語の翻訳がある。足立正治・中村百合子監訳『インフォ
メーション・パワーが教育を変える！　学校図書館の再生から始まる学校改革』
高陵社書店　2003年

第Ⅴ章　情報活用能力等の育成と評価（1）課題の設定

1　全体計画等の必要性と探究的な学習の学習過程

（1）全体計画等の必要性

　これまでの学習指導要領では，学校図書館を活用し，読書活動や探究的な学習を行うことによって，情報活用能力が育つとされてきた。2020年度より順次全面実施されている現行の学習指導要領を仔細に見ていくと，言語能力，問題発見・解決能力といった学習の基盤となる能力の育成についても大きく関与することが読み取れる。これらの能力は短期間で育てることは難しく，長い期間を見通しながら，学校組織全体で働きかけていかなければならない。そこで，必要となってくるのが全体計画である。学校図書館ガイドライン[注1]では，学校図書館の利用指導・読書指導・情報活用に関する各種指導計画が必要だとしている。

　情報活用能力については，全国学校図書館協議会が「情報資源を活用する学びの指導体系表」[注2]を策定し。各地域や学校が独自の体系表を作成する際の参考にしてほしいとしている（図表5－1）。

　この表の前版も参考に，鳥取県教育委員会は「学校図書館を活用する事で身に付けたい情報活用能力」[注3]を定め，幼稚園・保育所・認定こども園から高等学校までどのような情報活用能力を身につけさせたいかを整理して体系表を作成し各学校の計画作成の指針として示している。鳥取県の体系表には総括的な育てたい子ども像が示されているのが特徴である（図表5－2）。

　また，島根県松江市の「『学び方指導体系表』〜子どもたちの情報リテラシーを育てる〜」[注4]は，同市で実際に使用されている教科書の内容を分析し，記載事項にもとづき体系表を作成している。この体系表は，市内の各学校の

学校図書館を活用した諸計画表の指針となり，各校では実際に計画が作成され，それにもとづく授業実践がなされている。中学校区を単位とする小・中学校で，計画にもとづいて実践された授業は相互に参観され，それをもとに体系表は改善され続けている（図表5－3）。

　情報活用能力や問題発見・解決能力等の育成は，体系表を見てわかるように広い領域にわたり，多くの人が指導に関わり，長期にわたっての取り組みになる。それゆえに全体計画等が必要で，それを把握した上での取り組みが必要になるのである。

（2）探究的な学習の指導過程

　学習指導要領では，総合的な学習の時間・総合的な探究の時間の解説に，探究的な学習のモデルが示され，その過程の具体が図表1－2　（p.20）のように説明されている[注5]。探究の過程とは以下の4つであるとしている。
　①課題の設定
　②情報の収集
　③整理・分析
　④まとめ・表現
　①の課題の設定とは，日常生活や社会に目を向けた時に湧き上がってくる疑問や関心にもとづいて自ら課題を見つけることだとしている。
　②の情報の収集とは，そこにある具体的な問題について情報を収集することだとしている。
　③の整理・分析とはその情報を整理・分析したり，知識や技能に結びつけたり，考えを出し合ったりしながら問題の解決に取り組むことだとしている。
　この4つの過程は①→②→③→④と展開し，そこからまた新たな課題を見つけ，さらなる問題の解決を始めるといった学習活動を発展的に繰り返していくとしているが，この過程を固定的に捉える必要はないと説明している。それは，物事の本質を探って見きわめようとするとき，活動の順序が入れ替わったり，ある活動が重点的に行われたりすることは当然起こり得ることだからだというのである。

図表 5 − 1　情報資源を活用する学びの指導体系表

情報資源を活用する学びの指導体系表

本体系表は、児童生徒の実態を踏まえて各学校や地域で独自の体系表を作成する際の参考とするものである。また、必要に応じて児童生徒の活動や情報資源・機器の種類等を例示している。

2019年1月1日　公益社団法人全国学校図書館協議会

凡例　◎指導項目　○内容　「*」例示

	I　課題の設定	II　メディアの利用	III　情報の活用	IV　まとめと情報発信
小学校低学年	◎課題をつかむ ◇教科学習の諸材、日常生活の気づきから考える ◇見学や体験での気づきから考える ◎学習計画を立てる ◇学習の見通しをもつ ◇調べる方法を考える ◇テーマ設定の理由を書く	◎学校図書館の利用方法を知る *図書館のきまり *本の借り方・返し方 *図書館の分類の概要 *目次や索引の使い方 ◎学校図書館メディアの利用方法を知る *絵本、簡単な読み物、自然科学の本、図鑑 *コンピュータ、タブレット	◎情報を集める *観察、見学、体験 *インタビュー *コンピュータ、タブレット ◎情報の取り方を知る *カードやワークシートに書き出く *タブレットやデジタルカメラで写真を撮る *日付や資料の題名・著者名を記録する	◎学習したことを相手や目的に応じた方法でまとめ、発表する *口頭、絵、文章 *紙芝居、ペープサート、絵本、劇 ◎学習の過程と結果を評価する（自己評価・相互評価） *調べ方を評価する *まとめ方を評価する
小学校中学年	◎課題をつかむ ◇学習の諸材、日常生活の気づきから考える ◇見学や体験での気づきから考える ◇課題について話し合う ◇フラワーカードなどを利用する ◎学習計画を立てる ◇調べる方法を考える ◇学習の見通しをもつ ◇テーマが適切かどうか考える ◇テーマ設定の理由を書く	◎学校図書館の利用方法を知る *日本十進分類法（NDC）のしくみと配架のしかた *レファレンスサービス *ファイル資料 *地域資料、自校資料 ◎公共図書館の利用方法を知る *検索のしかた、レファレンスサービス ◎学校図書館メディアの利用方法を知る *図鑑資料、百科事典、国語辞典、漢字辞典、地図 *新聞、補助 *コンピュータ、タブレット	◎情報を集める *観察、見学、体験 *ゲストティーチャー、インタビュー *図鑑資料、百科事典、国語辞典、地図、図表 *新聞、補助 *コンピュータ、タブレット ◎記録の取り方を知る *記録カードに記録する（抜き書き・要約） *タブレットやデジタルカメラで写真を撮る *集めた情報を目的に応じて分ける ◎情報の利用上の留意点を知る *著作権、引用のしかた、出典の書き方 *個人情報の保護	◎学習したことを相手や目的に応じた方法でまとめ、発表する *文集、新聞、ポスター、リーフレット *クイズ *紙芝居、劇 *コンピュータ、タブレット ◎学習の過程と結果を評価する（自己評価・相互評価） *調べ方を評価する *まとめ方を評価する *発表のしかたを評価する *ポートフォリオなどを利用する
小学校高学年	◎課題をつかむ ◇日常生活での興味関心から考える ◇ウェビングなどの発想法を利用する ◇テーマから小・中テーマを設定する ◎学習計画を立てる ◇調べる方法を考える ◇学習の見通しをもつ ◇テーマ設定の理由を書く	◎学校図書館の利用方法を知る *日本十進分類法（NDC）のしくみと配架のしかた *レファレンスサービス ◎各他図書館を利用する *公共図書館 *博物館、資料館 ◎学校図書館メディアの利用方法を知る *図鑑資料、参考図書（事典、年鑑） *地図 *新聞、補助 *ファイル資料、視聴覚メディア *電子メディア *人的情報源、見学、観察、実験、体験	◎情報を集める *図鑑資料、参考図書（事典、年鑑） *地図、図表 *新聞、補助 *ファイル資料、視聴覚メディア *電子メディア *人的情報源、見学、観察、実験、体験 ◎記録の取り方を知る *記録カードに記録する（抜き書き・要約） *タブレットやデジタルカメラで写真を撮る *ノートに記録する ◎情報の利用上の留意点を知る *情報機器で記録する *資料リストを作る ◎情報を比較して評価する	◎学習したことを相手や目的に応じた方法でまとめる *集めた情報を整理する *調べたことと自分の考えを区別する *根拠を示す ◎学習したことを相手や目的に応じた方法で発表する *展示、掲示 *新聞、レポート *発表会、実演 ◎学習の過程と結果を評価する（自己評価・相互評価） *メディアの使い方を評価する *調べ方を評価する *まとめ方を評価する

中学校

◎課題を設定する
◇課題設定の理由を文章で書く
◇目的に合った発想ツールを使う
◇学習計画を立てる
◇調べる方法を考える
◇学習の見通しをもつ

◎学校図書館を効果的に利用する
*分類、配架のしくみ
*コンピュータ目録
*レファレンスサービス
◎目的に応じて各種施設を利用する
*公共図書館
*博物館、資料館、美術館
*行政機関
◎メディアの種類や特性を生かして活用する
*地図、年表
*新聞、雑誌
*ファイル資料
*電子メディア
*人的情報源、フィールドワーク

◎情報を収集する
*図書資料、参考図書
*地図、図鑑
*新聞、雑誌
*ファイル資料
*電子メディア
*人的情報源、フィールドワーク
◎情報を記録する
*ノートやカードに記録する
◇情報源を記録する
◇情報の取り扱い方を知る
*著者、ページ数、出版社、発行年
*引用、参照して評価する
◇目的に応じて評価する
*インターネット情報
*著作権、引用のしかた、出典の書き方
*情報モラル
*個人情報の保護

◇複数の情報を比較、考察する
◇必要な情報を選択する
◇情報の利用上の留意点を知る
*インターネット情報
*著作権、引用のしかた、出典の書き方
*情報モラル
*個人情報の保護

◇発表のしかたを評価する
◇中間発表会をする
◇ポートフォリオなどを利用する

高等学校

◎課題を設定する
◇課題設定の理由を文章で書く
◇達成目標を設定する
◇学習計画を立てる
◇課題解決の戦略・方策を検討する
◇まとめ方の構想を立てる

◎学校図書館の機能を理解し、効果的に活用する
*分類、配架のしくみ
*情報の検索
*レファレンスサービス
◎目的に応じて各種施設を利用する
*公共図書館
*博物館、資料館、美術館
*大学等の研究機関
◎メディアの種類や特性を生かして活用する
*図書資料、参考図書
*地図、年表
*新聞、雑誌
*ファイル資料
*電子メディア
*人的情報源、フィールドワーク

◎情報を収集する
*図書資料、参考図書、白書
*地図、図鑑
*新聞、雑誌
*ファイル資料
*電子メディア
*人的情報源、フィールドワーク
◎情報を記録する
◇記録の方法を考える
*ノート、カード、複写、切り抜き
*撮影、ICT機器
◇情報源を記録する
*著者、ページ数、出版社、発行年
*発行者、URL、確認日
◇複数の情報を比較、考察する
◇情報を分析し、評価する
◇情報の取り扱い方を知る
*インターネット情報
*情報モラル、知的所有権
*個人情報の保護

◇学習の成果をまとめる
◇相手や目的に応じた方法でまとめる
◇事実と自分の意見を区別する
◇課題解決までの経過を記録する
◇資料リストを作成する
◇学習の成果を発表する
*口頭、レポート、ポスター、実演
*タブレット、電子黒板、コンピュータ
◇わかりやすく伝えるための工夫をする
*色づかい、表やグラフ、エフェクト
◇学習の過程と結果を評価する（自己評価・相互評価）
◇課題設定や学習計画の妥当性を検証する
◇利用したメディア、情報源を評価する
◇課題の解決ができたかどうかを評価する
◇まとめた成果物を評価する
◇相手や目的に応じて適切に発表できたかどうかを評価する
◇中間発表会をする
◇ポートフォリオなどを利用する

図表5－2　学校図書館を活用する事で身に付けたい情報活用能力

学校図書館を活用することで身に付けたい情報活用能力

	幼稚園・保育所・認定こども園	小学校		
		低学年	中学年	高学年
育てたい子ども像	◆絵本や物語を楽しみ、表現することを楽しむ子ども	◆読書や調べる楽しさを知り、図書館の正しい利用の仕方を身につけた児童	◆いろいろな種類の本を読み、課題解決に向けて、友達と関わり合いながら意欲的に学ぶ児童	◆目的に応じて、図書館を適切に利用し、学び方を身につけ、課題解決に向けて主体的・協働的に学ぶ児童
課題の設定と情報収集	○読み聞かせを楽しむ。 ○好きな本を見つけ絵本を楽しみながら読もうとする。	○身近なことや経験したことなどから興味・関心に応じて学習課題を決める。 ○題名や表紙などに着目して必要な図書を見つける。	○興味・関心に応じて具体的な課題を決める。 ○目的に応じて、複数の資料の中から必要な資料を選ぶ。	○目的を把握し、適切な学習課題を決める。 ○目的に応じて、複数の資料の中から課題解決に役立つか判断し、資料を選ぶ。
情報の活用（選択・整理・分析）	○友達や先生の話を関心をもって聞こうとする。 ○図鑑を見て楽しく調べようとする。 ○友達の思いを受け止めようとする。 ○生活の中で必要な言葉を使おうとする。	○資料の中から目的に合わせて情報を選ぶ。 ○気づいたことや分かったことを記録し、必要に応じて簡単な絵や文で書く。	○二つ以上の情報の中から、目的に合ったものを選ぶ。 ○必要な情報を箇条書きで要点をまとめる。	○複数の情報の中から、適切な方法を使って課題解決に必要なものを選ぶ。 ○事実、引用、要約などと自分の考えを区別して、分かりやすくまとめる。 ○構成、レイアウトを工夫したり、絵や文、グラフ、図や表などを使ったりして、効果的にまとめる。
情報の伝達と評価	○多様な発表方法を経験して表現する。 ○考えたことを自分なりに表現しようとする。 ○自分の思ったことを相手に伝えようとする。 ○友達や先生とのコミュニケーションを楽しむ。	○多様な発表方法を経験して表現する。 ○順序に気をつけて、わかりやすく伝える。 ○教師と共に課題を決め、内容の見通しを持って課題解決できたか振り返る。 ○友達の表現のよいところを見つけて感想を伝え合う。	○相手や目的に応じて適切な表現方法を選んで表現する。 ○自分の考えが分かるように筋道を立てて、相手や目的に応じて伝達する。 ○具体的な課題を決め、内容の見通しを持って計画を立て、課題解決できたか振り返る。 ○友達の表現のよさについて意見を述べ合う。	○目的や意図に応じて効果的に表現するよう工夫する。 ○考えたことや自分の意図が分かるように、構成を工夫しながら、目的や場に応じて伝達する。 ○課題が適切で、見通しを持って内容や方法について学習を立て、解決することができたか振り返る。 ○学習課題や学習過程について友達の表現のよさを伝えたり、助言したりする。

学校図書館の利活用に支援を必要とする子どもについては、実態やニーズに応じて、上記の表を活用する。

※幼稚園指導要領、保育所保育指針、幼保連携型認定こども園教育・保育要領、学習指導要領、鳥取県教育振興基本計画を基本に、横浜市教育委員会「学校図書館教育指導計画の手引き

（別表）

中学校	高等学校
◆ 主体的に考えて判断し、課題解決に向けて多様な資料から必要な情報を活用することを通して、主体的・協働的に学び続ける生徒	◆ 将来の進路を見据え、自己実現のための課題解決に向けて、的確な情報を適切に活用することを通して主体的・協働的に学び、自分の考えを表現する生徒
○ 学習課題を解決するための適切な資料や収集方法について考え、具体的な学習課題を立てる。	○ 中学校までの知識やスキルを基に学習課題を解決するための資料の読み解きや収集方法について検討しながら、適切な学習課題を立てる。
○ 目的や意図に応じて多様な情報源を活用し、必要な各種資料を選ぶ。	○ 自分の設定した課題が見通しを持って解決できるか考察しながら、根拠となる多様な資料収集を的確に行う。 ○ 目的に応じて多岐にわたる検索方法で情報の特性を生かした様々な資料を選ぶ。
○ 複数の情報を目的に応じて比較、分類、関連づけ、多面的・多角的に分析する。	○ 常に複数の情報を適切に比較、検討、分類し、情報の持つ価値や希少性等を判断しながら情報を選択する。 ○ 自分の考えとは異なる意見の資料も取り入れ、様々な考えや解釈のあることを理解した上で総合的に判断して活用する。
○ 様々な情報を比較、分類、単純化したり、情報追加したり、再構築したりする。 ○ 情報を整理して、目的や意図に応じてわかりやすく要点を押さえて自分の意見の関係性を考えてまとめる。	○ 目的に応じて選択した資料を論理的に読み解き、資料を多面的、多角的に分析し自分の課題に関連付けることができる。 ○ 選択した情報を自分の意見と比較、分析しながら構成を考え、論点をまとめる。
○ 表現手段の特徴を理解し、相手や目的、意図に応じて効果を考えながら工夫して表現する。 ○ 情報発信手段としての機器の特徴を理解し、根拠を明確にして効果的に伝達する。	○ 表現手段の特徴を理解し、相手や目的、意図に応じて効果を考え、自分の考えとの関係性を考えながら工夫して論理的に表現する。 ○ 情報発信手段としての機器の特徴を理解し、根拠を明確にして最も効果的な方法で伝達する。
○ 課題が明確なもので、課題解決に向けての内容、方法、表現が効果的であったか振り返る。 ○ 表現、伝達されたものの中から、課題解決のために集めた情報の有効性、必要性、信頼性を判断し話し合う。	○ 課題設定から調査、発表までの一連の取組みについて、客観的な自己評価を行う。 ○ 課題設定から調査、発表までの一連の取組みについて、客観的な相互評価を行い、自分の学びにいかす。

引き」、京都市教育センター「学校図書館の活用を通して付けたい力系統表（小・中学校版）」、松江市学校図書館支援センター「学び方指導体系表」を参考に作成

図表５−３ 『学び方指導体系表』～子どもたちの情報リテラシーを育てる～

2018.4.10

【学校図書館活用教育】松江市小中一貫基本カリキュラム　　　「学び方指導体系表」　～子ども

現行版（平成28年度～）

			1	2	3	4
			前期			
			小学1年	小学2年	小学3年	小学4年
A	知る	図書館の利用	○学校図書館の利用法とマナー ・学校司書の存在を知る ・場所、設備、展示物 ・本の借り返し方を知る	○地域の図書館を利用する ○レファレンスサービスを知り利用する		
B	る	分類・配架	○本は仲間分けしてあることを知る ○関心のある類について知る		○類を知る(0〜9類、絵本)	○ラベルの数字(3桁)の見方を知る
C	見つける	課題の設定	○学習のめあてをもつ ○知りたいことを見つける	○話すこと書くことを選ぶ	○学習計画の立て方を知る ○知りたいことの中から調べることを決める ✿思考ツールを利用する	
D		情報の収集	○いろいろな情報源があることを知る		○課題を解決するために自分で資料を集める	
E	つ	人からの情報	○興味をもって聞く	○人に聞く(マナー) ・短い言葉でメモを取る	○インタビューの仕方を知る ○メモを取る ・事前に質問の内容を決める	○メモの取り方を工夫する ・箇条書き ・話の組み立てを意識する ○アンケートを取る
F	か	図鑑、辞典、事典、統計資料等の利用	○図鑑にふれる	○図鑑を使う ・目次、(索引)を見る	○国語辞典を使う ○百科事典を使う ・目次、索引を使う ○ガイドブック、パンフレットを使う ○ファイル資料を使う	○漢字辞典を使う
G	む	図表、絵、写真の利用	○興味のある図、絵、写真を探す ○絵を読み取る	○絵地図を読み取る	○図表、地図、グラフを読み取る ○年表を読み取る	○広告や説明書を読み取る ○地図帳を使う
H		新聞や電子メディア等の利用				○わりつけや見出しを知る ○小学生新聞を読む ・インターネットを利用する
I		出典、引用、著作権、参考資料一覧について	○自分の考えと他の人(資料)の考えを区別する	○本の名前と書いた人の名前を書く	○出典について知る ・出版社名を書く	○引用の仕方を知る
J		情報の取り出し	○ワークシートに書く ・書き抜く ○メモに書く	○付箋やカードに書く ・短い言葉や文で書く	○情報カードに書く ○要約する ○あらすじをまとめる	○箇条書きをする ○引用する
K	まとめる	情報の整理	○伝える順序を考える ○情報を比べる	○理由を考える	○一番伝えたいことを決める ○書いてあることを整理する ✿思考ツールを利用する	○まとまりをとらえる ○推敲する ○関係づけて読む
L	る	まとめ	○感想を入れてまとめる ＊絵カード	○原稿用紙の使い方を知る ＊手紙、クイズ、紹介文	○事実と意見を区別してまとめる ○自分の考えと理由を書く ＊レポート、案内文、説明文、リーフレット、地図	○目的と形式を考えて書く ＊新聞、ブック、意見文、手紙、ポスター ＊ホームページ
M	伝え合う	発表、交流	○いろいろな発表の仕方を知る ＊実物、ペープサート ・事物の説明、経験の報告、応答、紹介、感想 ○話を集中して聞き話題にそって話し合う	○理由をつけて発表する ＊劇、クイズ、説明 ＊写真、フリップ	○相手に分かりやすい発表をする ・資料の出し方を工夫する ○考えの共通点や相違点を考えて話し合う ○意見交換をする ＊スピーチ	○役わりを考えて話し合う ＊案内
N	ふり返り(毎時間、単元後)		○学習の過程と結果を活動に応じて評価する			

※学習指導要領及び松江市で使用する教科書を参照して作成しました。指導事項、内容は主に国語の教科書で示されている最初の学年のみ記載しています。
※小中ともに国語科の教科書の指導内容を基本とし、小学校では生活科、社会科(「学び方コーナー」)、理科(「理科の調べ方を身につけよう」)、中学校では地理・歴史(「技能をみがく...
※学校の実態によって、下の学年で指導することもあります。また、各校の情報教育の指導計画とも照らし合わせて指導をしてください。
※表の内容をどの学習で扱うかは各校の年間指導計画によります。図鑑・辞典・事典の使い方、情報カードの書き方、フリップの作り方、レポートの書き方など「学び方指導の時間」とし...
※表の各セルの指導事項をどの学習で行うかについては、単元・学習例を示した　（「学び指導体系表」、「単元・学習例関連表」、「学び方指導体系表...
※表中の○は指導事項、・は内容を示しています。「まとめる」「伝え合う」の欄の＊印は言語活動例をあげています。
※✿思考ツールは、授業のねらいに合わせて選択し、探究的な学習の様々な場面で適切に取り入れてください。例：ベン図、Xチャート、くま手図、ピラミッド図、ボーン図、座標軸、マ...
※総合的な学習の時間では、上記A〜Nを意識的に取り入れた指導を心がけてください。

〜たちの情報リテラシーを育てる〜　　　　　　　　　　松江市学校図書館支援センター

5	6	7	8	9
中期			後期	
小学5年	小学6年	中学1年	中学2年	中学3年
	○地域の図書館、歴史資料館、郷土資料館、科学館、美術館 等を活用する ・コンピューター検索	○図書館、博物館、科学館、植物園 等を活用する		
○日本十進分類法(NDC)を知る ・請求記号の見方を知る	○類を覚える(0〜9類)	○日本十進分類法(NDC)を理解する		
○学習計画を立てる ○連想から発想を広げる		○目的と相手を明らかにする ✿思考ツールを利用する	○立場を整理する	○場面と相手と目的を意識する ○社会生活の中から課題設定をする ○ブレーンストーミングをする
○課題に応じて資料や情報を集める ○多面的に考える	○課題に応じて複数の資料や情報を集める ○情報の特性を知る	○観点を立て、情報を集める ・マッピングの利用 ○情報の集め方を考える	○情報メモを書く ○多様な方法で情報を集める ○複数の情報源で調べ、比べる	○説得力のある資料を集める
	○聞き取り調査をする ○取材をする	○情報を的確に聞き取る ・要点を押さえてメモを取る ・録音、撮影 ・インタビューやアンケートを行う	○要点を整理して聞き取る ・インタビューの依頼文を書く	
○年鑑を使う ○白書や統計資料を使う	○分野別事典を使う	・国語、漢和、類語、古語辞典、ことわざ、慣用句、英和辞典 ・百科事典　・地図帳 ・題名、副題、キャッチコピー、目次、索引、引用、奥付	・系図、しくみ図、絵巻物	
○題やキャプションを活用する ○地球儀を使う	○複数の資料を活用する ○年表を活用する	○図表の役割を考えて活用する ・地図帳、写真、雨温図、主題図、地球儀、人口ピラミッド	・地形図 ・天気図	
○記事を読み比べ、書き手の意図を読み取る ・記事の構成、写真の役割 ・メディアの特徴を知る ・メディア・リテラシーを身につける ・気象情報を得る	○説得の工夫を読み取る	○新聞の紙面構成の特徴を知る ・リード文、コラム、キャプション ・インターネットを利用する ・ウェブサイト、著作権、電子メール ○情報モラルを知る	○メディアによる情報の特徴を考える	○新聞の社説を比較する ○現代のメディアの特徴を知り、情報発信の意義と注意点を知る
○参考資料一覧を知る ○奥付を見る	○著作権を知る	・コピー、出典、アドレス、著作権、引用 ・本に関する基本情報	○著作権を知る	
○要旨をとらえる		・カードや付箋に書き出す ○要約する ○要点をとらえる		○取材メモを作る ○論説を比較し評価する ○適切な引用をする
○情報カードを活用する ・取捨選択、順序、構成を考える ○適切な事例や資料をあげる	○複数の情報を効果的に活用する ○項目ごとに整理する	○情報カードを活用する ○構成メモを作る ○根拠を明確にする ○内容や構成、順序を工夫する ✿思考ツールを利用する	○情報を分類・整理する ○進行案を作る ○意見と根拠を考える	○編集をする ・見出し、キャッチコピー ○観点を立てて分析する
○目的に合わせた方法を選んでまとめる ○目的に合わせて事実と考えや感想を区別してまとめる ＊感想文、報告文、依頼文 ＊事象ごみ、関係図	○自分の考えを持つ ＊投書、随筆	○著作権に留意する ○推敲をする ○原稿用紙の使い方を身につける ・記録、案内、鑑賞、通信、読書感想文 ・レポート、スピーチメモ、ポスター ＊プレゼンテーションソフト	○自分の考えをまとめる ○紙面構成を考える ○説明の仕方を工夫する ○表現や構成を工夫する ＊職業ガイド、読書案内、手紙、意見文	○相手の反応に応じられるよう内容を複数構成する ○文章の形態や素材を考える ○論理の展開を考える ＊推敲、報道文、批評文、冊子
○要旨を意識する ○考えを正しく聞き取る ○資料を活用して説明する ＊ポスターセッション、討論、助言、提案、推薦、読書会 ○立場や意見をはっきりさせて計画的に話し合う	○発言の意図を明確にする ○意見と理由とのつながりを考えながら聞く ○問題を解決するために話し合う ＊プレゼンテーション ＊外部の人へ発表会	○反応を確かめ、言い換え、付け足しをする ○わかりやすい発表や説明をする ○話題や方向を考えて話し合う ＊スピーチ、グループ・ディスカッション、ポスターセッション	○助言し合う ○考えを広げる ○プレゼンテーションをする ○相手の話を要約したり、言い換えたりして発言する ○提案をする ＊フリップ、プレゼンテーション、パネルディスカッション、報告書	○助言し合い、表現に生かす ○発言を評価する ＊評価メモ ○相手や目的に応じたスピーチをする ○情報発信について話し合う ＊全体会議、発表会、シンポジウム、ディベート

※中学校の教科書での最初の学年を記載していますので、小学校との重複があります。

〜(コーナー)、公民(「調査の達人コーナー」)、理科(「巻頭・巻末資料」「基礎操作」)、技術・家庭料、英語(「学び方コーナー」)の内容を参考に記載しています。

〜て特設したり、単元の学習の中で活用として扱う等各校で工夫してください。
〜の趣旨、改訂の内容、表の見方」は松江市校務GWの共有フォルダ内に入れています)

マッピング、フローチャート、ウェビング、KJ法　etc.

WEB ： 松江市＞学校図書館活用教育
松江市内教職員 ： 校務GW全体共有フォルダ内に
Excelデータを入れています。
加工もできます。

学習指導要領の探究的な学習の学習過程は以上のようであるが，この他にも探究的な学習の学習過程に関する考え方は存在する。

例えばカナダのアルバータ州の探究モデル（図表５−４）は次のようになっている^(注6)。

図表５−４　カナダ・アルバータ州の探究モデル

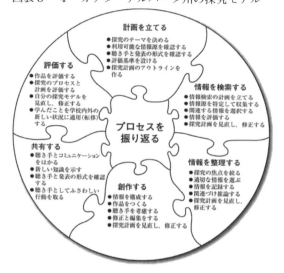

このモデルの探究の過程は①計画を立てる，②情報を検索する，③情報を整理する，④創作する，⑤共有する，⑥評価する，である。図表５−４を見ていただくとわかるが，それぞれがジグソー・パズルのピースのようになっていて，次の過程に食い込んでいる。そして，①から⑥の中心に「プロセスを振り返る」があり，それぞれの過程は過程ごとにプロセスを振り返るに接続し，プロセスを振り返ることから次につながっているプロセス以外にも接続することが表現されている。例えば，情報を整理する段階をある程度進め，この過程を振り返ったところ，そもそも計画の立て方に問題があったことに気づき計画を立てる過程にもどるといったことは，実際の探究過程にはあり得ることで，探究はしばしば往還的に展開するのである。

2　課題設定の指導（１）課題設定の意義と問題意識の醸成

　これからの学校教育にとっては，課題設定ができる児童・生徒を育てることがきわめて重要である。社会の変化が見通せる時には，変化の先端を走る国家や地域が行っていることを学び，模倣すればよかった。しかし現代の日本に暮らす私たちは世界のどこの国家，地域でも直面していない問題状況に直面している。例えば社会の高齢化の問題はどうだろうか。報道によれば日本の高齢化率は世界最高であるという[注7]。高齢者を支えながらどのような社会を展開するのかという問題には模倣すべき国家や地域はないのである。国際化，高度情報化等々，劇的に，そして急速に変化する社会で生まれてくるさまざまな問題に対して，それらを認識し，課題を設定し，解決していくことなしには未来は拓けない。教育という営みは，そのような未来に対して問題解決に努める人を育て，社会に送り出す機能ももっている。問題解決のための課題設定ができることは，これまでにまして重要性を帯びているのである。

　このようなことからすると，まず私たちの周囲に存在する問題を認識することが重要になってくる。学校教育では，さまざまな教科等で現代社会が抱える問題状況が伝えられる。そしてそれらの問題を児童・生徒が自らの問題と認識できるような工夫を凝らして授業が展開していることだろう。ただそれらの問題は問題の認識のみでとどまり，問題解決のための課題設定，探究までにいたらないことも多い。教科等で扱われることはすでに解決したことも多く，児童・生徒が現実的に，そして切実に感じることのできる「今」の問題に出会うには，それ相応の環境を用意する必要があるだろう。もちろん直接体験は重要である。直接体験を探究へとつなげるのは児童・生徒の興味関心の所在，学校の教育課程や現代的課題等を熟知したものによって構築された学校図書館コレクション[注8]と，読書の指導・学校図書館の利用指導，そして多様なメディアを批判的に利用できる指導である。これらによって問題意識の醸成が支援される。そのような問題意識が醸成される中で，課題設

定の方法を身につけることによって，問題の認識から課題の設定へと探究を進める基盤ができるのである。

3　課題設定の指導（2）「問い」等の可視化の指導

　課題設定については，学校段階によって力点の置かれ方が異なっている。最終的には自由に課題設定できることが求められるが，学校教育ではある程度の枠を設定して，課題設定が行われることが多い。例えば小学校の低学年の生活科では，「秋に見られる植物について調べよう」といったようにある程度課題の幅に制限を加えているのである。このような課題の幅の広さや内容特性は教科等の特性によって異なっており，その学校の探究的な学習への取り組み具合によっても異なってくるだろう。一般にはその幅は年齢が上がるにしたがって広がってくるといえるだろうが，小学校から自由な課題設定に取り組んでいる事例もある。

　課題設定にあたってまず重要なのは，漠然ともっている問題意識を外化・可視化し，問題を解決するための課題を構成していくことである。鍵は「問い」等の可視化なのである。

　児童・生徒が漠然と思っている，内面にある，表出されていない「知りたいこと」や「問い」や「願い」を紙等に書き出すことによって外化し，それを見直し，考えることによって問題意識は明確になり，課題へと育っていく。

　思っていることを，紙などに書き出してみることによっても可視化は可能だが，ウェビングと呼ばれる技法等や，思考ツールと呼ばれる汎用性の高いワークシートを使うことによって，可視化は一層行いやすくなる。

　ウェビングはウェブ図やコンセプトマップ等さまざまな呼称があるが，図表5－5のようなものである。紙等の中心に知りたいことや，問いなどに関わるキーワードを書き，周囲に連想するままに単語を書き，それを線で結んでいく（紙等としたのは，タブレット端末やコンピュータ等で，同様のことを行うソフトウェアがあるからである）。ある程度書いたところで，書かれた図を見直すと，自分が中央に書いたキーワードに関して知っていること，

気になっていることが可
視化されていることに気
づくだろう。キーワード
同士を結んだ線の意味を
考えることも重要であ
る。また，図全体を概観
し，書かれていないこと
は何かを考えることも重
要である。これらの図を
見て考える際には，だれ
かに図の説明をするため

図表5−5　ウェビング

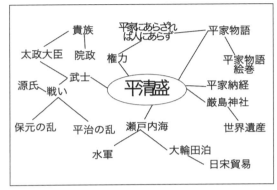

に，話してみるとよいだろう。聞き手はそのキーワードを書き出した理由な
どを問い，図を書いた本人が自明のことと思い説明していない事柄を聞き出
すとよい。このウェビングをめぐる対話をもとに，中心に書くキーワードを
変更して，また図を作成してみてもよいだろう。この図を見ながら，探究的
学習で追究する本質的な問いを見つけ，問いを文章化するのである。このウェ
ビングを書いていく際に，連想できる事柄がなかなか想起できないこともあ
るだろう。とくに指導者が指定した主題から一定の枠の中で課題設定する場
合は，そもそも問題意識をもっていない場合もあり，主題に関する知識が少
ない場合がある。そういった場合は百科事典等の参考図書で主題に関する基
本的な事柄を調べてみると，書き込めることがある。これらの活動に入る前
に関連する主題のブックトークを行っておくのもよいだろう。これらは思考
ツールを使った課題設定の際にも活用できる方法である。

　思考ツールはウェビングとくらべて，内面を外化しやすい汎用的なワーク
シートである。

　例えばマンダラート（注9）という思考ツールは，中心にウェビング同様キー
ワードを書き，そのキーワードから連想する言葉を周囲の8マスに書き込ん
でいく（図表5−6）。この書き出した8項目を手がかりに問いを考えても
よいし，8項目の中で重要だと思ったものを中心において再びマンダラート

に書き込んでもよいだろう。また，8項目から数項目を選んで調べてみたり，優先順序を付けて調べてみたりしてもよいだろう。

　このマンダラートを応用した思考ツールでイメージの花火(注10)がある。マンダラートを9点並べたもので，中心のマンダラートの中心のキーワードの周囲に書かれた8つの言葉を周囲のマンダラートの中心のマスに転記し，そのキーワードにまつわる言葉を周囲の8マスに書いていくのである（図表5－7）。

　マンダラートに類似した効果があるツールとして使われているのがペンタゴンチャートやドーナツチャート（図表5－8）である。これらのチャートは調べてみたいと考えている事柄を中心に書き，その周囲にその事柄の何について調べたいのかを書き出していく。

　これまで紹介してきた技法と思考ツールは，課題を設定するために，内面にある考えている事柄を可視化するための方法である。可視化した時点で調べたいことが設定できる場合もあり，可視化したものを素材に対話することによって課題が設定できる場合もある。ここまでに紹介した技法・思考ツールは主題について連想した事柄を広げていく拡散的手法である。この方法の他に主題設定に関して広げた事柄を焦点化していく集約的手法もある。集約的手法の思考ツールにはレインボーチャートがある（図表5－9）。半円の一番外側に主題を書く。その内側の半円に主題に関して，より具体的なもの，

図表5－6　マンダラート

はじまり	歴史	つくりかた
種類	味噌	味
麹	生産地	種類

図表5－7　イメージの花火

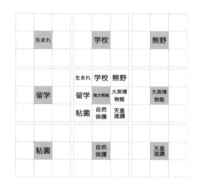

図表５－８　ペンタゴンチャートとドーナツチャート

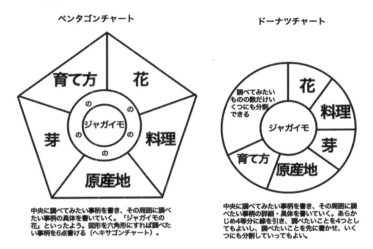

ペンタゴンチャート
育て方
花
料理
芽
原産地
ジャガイモ
の
の
の
の
の
中央に調べてみたい事柄を書き、その周囲に調べたい事柄の具体を書いていく。「ジャガイモの花」といったよう。図形を六角形にすれば調べたい事柄を6点書ける（ヘキサゴンチャート）。

ドーナツチャート
調べてみたいものの数だけいくつにも分割できる
花
料理
芽
原産地
育て方
ジャガイモ
中央に調べてみたい事柄を書き、その周囲に調べたい事柄の詳細・具体を書いていく。あらかじめ4等分に線を引き、調べたいことを4つとしてもよいし、調べたいことを先に書かせ、いくつにも分割していってもよい。

図表５－９　レインボーチャート

海の生き物
サメ
サメの歯

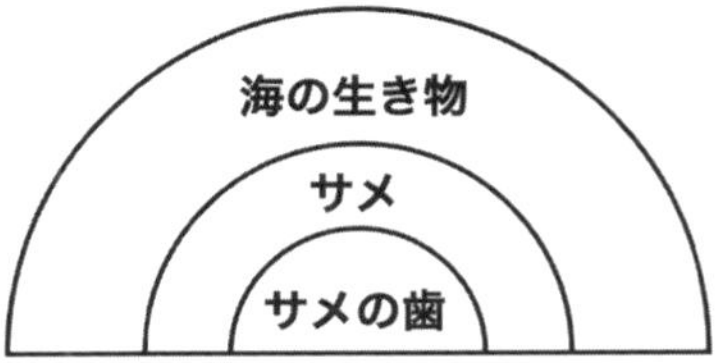

そして最も内側の半円に調べたい事柄になる，より具体的なものを書いている。図表５－９では「海の生き物」について調べようという主題が与えられ，それにもとづいて，関心のある「サメ」に絞り，最終的に「サメの歯」を調べるテーマにしたということである。

課題設定の指導の鍵は，児童・生徒が探究に向けて問題意識をもてるようにする環境の構成と，内面の可視化，想起したことを拡散的に豊富化し，それらの中から絞り込んで，問いの文を構成することにある。この過程の中で，参考図書等を使って調べ，想起できることを豊富にすること，可視化したものを素材に対話しつつ，問題意識や課題を明確にしていくことが重要である。

（鎌田和宏）

〈注〉

（注1） 文部科学省「学校図書館ガイドライン」2016年（https://www.mext.go.jp/
a_menu/shotou/dokusho/link/1380599.htm［2020年5月25日現在参照可］）

（注2） 全国学校図書館協議会「情報資源を活用する学びの指導体系表」改訂版
2019年（https://www.j-sla.or.jp/pdfs/20190101manabinosidoutaikeihyou.pdf
［2020年5月25日現在参照可］）

（注3）「学校図書館を活用する事で身に付けたい情報活用能力」鳥取県教育委員
会『学校図書館活用ハンドブック』鳥取県教育委員会　県立図書館学校図書館
支援センター　2016年（https://www.library.pref.tottori.jp/info/post-10.html
［2020年5月25日現在参照可］）

（注4） 松江市教育委員会学校図書館支援センター「『学び方指導体系表』～子
どもたちの情報リテラシーを育てる～」2016年（http://www1.city.matsue.
shimane.jp/kyouiku/gakkou/gakkoutosyokan/gakkoutosyokannkyouiku.data/
hpsidoutaikei.pdf［2020年5月25日現在参照可］）

（注5） 文部科学省『中学校学習指導要領解説　総合的な学習の時間編』東山書房
2018年　p.9

（注6） カナダ・アルバータ州の「探究モデル」　日本図書館協会図書館利用教育
委員会図書館利用教育ハンドブック学校図書館（高等学校）版作業部会『問い
をつくるスパイラル　考えることから探究学習を始めよう』日本図書館協会
2011年 p.118　原典は" Focus on Inquiry :A Teacher's Guide to Implementing
Inquiry-based Learning" Alberta Learning 2004 p.10

（注7）「日本の高齢化率，世界最高28.4%　推計3588万人」朝日新聞 2019年9月
16日

（注8） 片岡則夫編著『「なんでも学べる学校図書館」をつくる　ブックカタログ
＆データ集～中学生1,300人の探究学習から～』少年写真新聞社　2013年，片
岡則夫編著『「なんでも学べる学校図書館」をつくる2　ブックカタログ＆デー
タ集～中学生2,000人の探究学習とフィールドワーク～』少年写真新聞社　2017
年

（注9） 今泉浩晃『マンダラートの技法　超メモ学入門　ものを「観る」ことから
創造が始まる』日本実業出版社　1988年

（注10） 池田修『スペシャリスト直伝！中学校国語科授業成功の極意』明治図書
2017年　p.101

第Ⅵ章

情報活用能力等の育成と評価（2）情報の収集

1　情報探索計画の立案

　課題が設定されて，すぐに調べ始めることが必ずしもよいわけではない。現在では教科等の学習でも学習者に見通しをもたせてから学習をさせるように指導することが求められている。しかし，経験がないところでは見通しをもつことが難しい。そこで探究的な学習を行う際にも見通しがもてるようにするための指導，すなわち情報探索計画の指導が必要なのである。

　知りたい事柄によって，調べる方法は異なってくる。まず，知りたい事柄はどのように調べればよいのかを考え，それに応じた調べ方をしていくことが必要になる。

　調べ方には，おおまかに考えて次の2つがあるだろう。

　①調査活動等で明らかにする

　②資料で明らかにする

　①はインタビューや，見学に行くなどフィールドワークを行ったり，アンケート調査を行ったり，観察や実験を行ったりする方法である。

　例えば，地域の商店街について知りたいと考えた時には，まずどのような商店街なのか，実際に出かけていって観察，見学することが考えられる。そして，商店街の商店がどのような仕事をしているのかを調べるのであれば，商店主等にインタビューをして調べることが考えられる。利用者がどのように利用しているのかが知りたければ，利用者にインタビューを行ったり，アンケート調査を行ったりということも考えられるだろう。調べたいテーマによっては観察や実験を行うことも考えられる。

　②はすでに存在する資料を読むことによって調べる方法である。この方法では学校図書館が大いにその機能を発揮しなくてはならない。学校図書館が

もっている資料は大きく分けて紙媒体のメディアと電子媒体のメディアがある。印刷メディアでは，図書，雑誌，新聞，ファイル資料などがその主要なものである。電子メディアではCDやDVD，Blu-ray Disc等のパッケージ系メディア，新聞記事・新聞記事データベース，国語辞典・百科事典等のデータベース，電子書籍，ウェブサイトなどのストリーミング系メディアがある。

これらの調べ方を必要に応じて組み合わせ，

①基本情報の収集（辞典・事典等の参考図書の利用）

②具体情報の収集（統計資料等を含む参考図書資料，一般図書，電子資料の利用）

③複数情報の比較・検討（①を基本としつつ②③で入手した情報を比較・吟味）

を①→②→③の流れを基本に，調べる過程で①②③を往還的に行っていく。ある程度の見通しが立てられたところで，計画を書かせるとよいだろう。

調べる経験が少ない児童・生徒は，入手した情報源に示された情報を鵜呑みにしてしまうことがよくある。探し出した情報が古いもので現状を反映していなかったり，誤った情報等を見つけ，それのみで考えたりすると，誤った結論を導き出してしまうこともあるだろう。重要なのは複数の情報源をもち，その吟味・比較の上に判断することである。指導者は児童・生徒の書いた情報探索計画を見て，主題に応じた適切な情報源を選んでいるか，複数情報を入手しようとしているかを確認し，指導する必要がある

また，この情報探索計

図表6−1　情報探索計画の記入例

チェック	調べる事	情報源
✓	南方熊楠とはどういう人か	百科事典、人物事典を読む（学校図書館）
✓	南方熊楠はどんな生涯を送ったか	南方熊楠記念館の展示見学、学芸員さんの話を聞く（南方熊楠記念館・南方熊楠顕彰館）
	南方熊楠はどんな研究をしたか	①南方熊楠の伝記を読む②南方熊楠記念館・顕彰館の植物標本、ノートを見る
	南方熊楠の住んでいた家の様子	南方熊楠邸　見学
	南方熊楠のことを今の人はどう思っているか	アンケートを行い、まとめる

画を立てる際には，入手した情報をどのように整理・分析し，まとめ・表現するかについても見通すことができるとよいだろう。

2　情報収集の指導（1）学校図書館の利用指導

　学校図書館を利用して資料を読み調べるためには，まず学校図書館の利用方法を知っていなければならない。学校図書館の使い方を学ぶことが必要なのである。いずれの学校種においても，年度の初めなどに学校図書館オリエンテーションが行われているだろう。学校図書館を利用する上でのマナーやルール，図書資料の種類（参考図書・一般図書等）や図書資料の分類などの指導，いわば狭義での学校図書館の利用指導が行われている。しかし，これだけでは探究的な学習は展開できない。調べたことを記録すること，整理・分析し考えること，表現することなど，情報リテラシー（情報活用能力）を身につけさせるところまで含めた広義での学校図書館の利用指導が必要である。その前提として学校図書館でのオリエンテーションについて見ていくことにする。

（1）学校図書館オリエンテーション（小学校）

　小学校は学校図書館と初めて出会う学校段階で，文字の読み書きがまだできない6歳の子どもから，独力で一通りの読み書きができ，なかにはおとなが読むような本も読めるような子も存在する11歳の子どもまでが学校図書館を利用する。低学年では学校図書館が好ましい場所として受け入れられるようなオリエンテーションを行いたい。学校図書館の図書等の資料は多くの児童が利用する公共物である。書架から本を痛めることなく抜き出す方法等，公共物を大切に扱えるようにすることから，本を借り出す方法，低学年児がよく利用する本の所在や本の分類・探し方等々，自立した利用者となれるような指導を行いたい。特別活動の時間を使ってのオリエンテーションだけでなく，国語科，生活科など，関連のある単元で繰り返し指導することが重要である。

中・高学年では学校図書館の資料を求めに応じて探せるようにしていきたい。日本十進分類法（以下「NDC」）の理解や参考図書・一般図書の利用方法などに慣れてほしい。参考図書では国語辞典や百科事典，一般図書では本の構造に応じた利用（目次・索引等）などに習熟させたい。また，資料を探すために学校図書館に用意された目録（カード・冊子・コンピュータ）の利用も指導したい。

（2）学校図書館オリエンテーション（中学校・高等学校）

中学校は複数の小学校で学んできた生徒が集まることが多い。一般に学校図書館の利用についての指導は学校による差が大きい。それゆえ中学校では学校図書館経験が異なることを前提として，生徒の情報リテラシーを伸ばす指導を行う必要がある。学校が異なり学校図書館が異なれば学校図書館の利用方法は当然異なってくる。基本的な指導は行わなければならない。また学校が異なれば教育課程も異なるわけであるから，そこで求められる情報リテラシーも異なってくる。入学時に生徒の情報リテラシーの実態をつかみ，それに応じた指導をしていく必要があるだろう。

オリエンテーションには，すぐに使える提示教材なども含めた教材も作成されている(注1)。参考にするとよいだろう。

3　情報収集の指導（2）資料の収集

学校図書館で探究を行うためには，探究に応ずる資料が必要である。そのために学校図書館は教育課程の展開に寄与するための多様なメディアを収集し，探しやすく利用しやすいように組織化されていなければならない。学校図書館メディアには先に述べたように紙媒体のメディアと電子媒体のメディアがある。それらの特性を把握した上で収集に取り組みたい。

紙媒体のメディアには図書資料（参考図書，一般図書），逐次刊行物（新聞，雑誌等）ファイル資料（パンフレットやリーフレットなども含む）がある(注2)。電子媒体のメディアには，CD，DVD，Blu-ray Disc などのパッケー

ジ系のメディアやインターネット等で提供されるデータベースや電子書籍，ウェブサイト等がある。中には，学校独自の学習資料を作成しウェブサイトなどで利用できるようにしている場合もあるだろう。

（1）参考図書と一般図書

　参考図書はレファレンスブックとも呼ばれることもあり，他の資料への案内を主目的とする書誌，目録等と，事実等に関して説明する辞書，事典，図鑑，年表などがある。一般図書と対になることばで，主として調べるために作成された図書である。学校図書館では参考図書には別置記号を付け，参考図書コーナーなどを作り配架する。探究課題が設定されると，児童・生徒は一般図書の書架で資料を探そうとするが，一般図書から調べる前に，参考図書を使って調べさせたい。探究の第一歩は辞典・事典で定義や基本情報を入手することから始めることを定着させたいものである。一般図書は参考図書の情報との比較でその情報の質を吟味しなくてはならない。参考図書の中でもとくに百科事典は有効である。まずは紙媒体のメディアの百科事典を活用できるようにし，次にインターネット経由で利用できるデータベース型の辞典・事典を活用できるようにしたい。紙媒体のメディアの百科事典の利用指導においては，複数セットの百科事典が必要となる。学校に複数セット用意できればよいのだが，百科事典は高価であるので難しい場合が多い。そのような場合は近隣の学校で相互貸借をするか，公共図書館との連携で利用指導を実施できるとよ

図表6-2　参考図書の利用

目的	何について調べるのか	参考図書の種類
ことばを調べる	ことばの読み、意味	国語辞典
	漢字の読み、意味	漢和辞典
	難読語の読み、意味	難読語辞典
	外国語の読み、意味	英和、和英、各語言語辞典等
	その他のことばの読み、意味	古語、新語、外来語、方言、類語辞典等
	ことわざ、慣用句	故事、ことわざ、慣用句辞典等
	作品中の語句の所在	用語索引
ものやことがらを調べる	全分野にわたる事項	百科事典
	特定分野の専門事項	専門事典
	方法、規則、要旨	便覧、ハンドブック
	かたち、つくり、色	図鑑
	新しい情報、できごと、統計データ	年鑑、白書、統計
歴史を調べる	歴史的事件、ことがら	歴史事典
	歴史的事件の年月日	年表
	年表	専門事典
	近年の事件の動向、推移、年月日	年鑑
場所・地名を調べる	土地の位置	地図帳
	地名とその所在、環境、歴史	地名事典
	著名な人物の歴史	人名事典
人や機関を調べる	現在活躍中の人物	現代人名辞典、年鑑など
	姓名の読み方、書き方	姓氏辞典
数値を調べる		年鑑、統計
本の情報を調べる	本のデータ、価格、内容	書誌
	その本の所在	目録
	本の中の字句、事項、新聞記事の所在	索引

いだろう。理想としては学級教室に１セット用意することだろうが，なかなかそうはならない。現在では児童・生徒が利用できる電子媒体のメディアの百科事典データベースがあるので，学校のICT機器整備の際には，機器だけでなく百科事典等のデータベースが利用できるように学校図書館として働きかけたい。

　一般図書の利用にあたっては，目次と索引，前書きと後書き，図表・統計資料等を活用して読み解いていくことが重要である。

（2）ファイル資料

　この中でとくに注目したいのはファイル資料である。学校で求められる資料は図書等で公刊されているものばかりではない。例えば小学校では学校のある地域について学ぶが，地域資料は小学生に読めるものが図書となっている場合は少ないようである。そこで，パンフレットなどの地域資料等を集めて提供するのだが，この際，定型化し，表題や件名を付与し，検索しやすいように加工する。このように加工した資料をファイル資料と呼んでいる[注3]。

　集めた資料は台紙に貼ったり，同型のボックスファイルに入れたり等して形や大きさをそろえて定型化する。それらに表題や件名を付与し，別置して表題等が見えやすいようにしたり，目録を作成したりして提供する。これは地域資料に限らず，教科書等にはない学校の教育課程固有の学習資料であったり，教科書等では古くなってしまう最新の資料であったりと，学校それぞれの事情に応じ必要な資料で作成すると学校図書館の活用度合いが高まる。ファイル資料には新聞や雑誌の切り抜き，地方公共団体による広報誌，写真，

図表６－３　地域資料

地図，パンフレット，リーフレット等が収録されることが多い。

　コンピュータは学校図書館には不可欠のものとなってきている。図書資料などの学校図書館コレクションのデータベース化は調査によれば小・中・高等学校等の73.5％で行われているとのことである。まずは蔵書等の検索用のコンピュータを学校図書館内に設置し，児童・生徒が検索に利用することを考えるべきである。

　また国も学校のICT環境の整備には力を入れており，児童・生徒に一人一台のコンピュータをもたせることが検討され，徐々に実現に移されている。2018年には学校教育法が改正され，いわゆるデジタル教科書が正式に利用されるようになった。このデジタル教科書は児童・生徒が現在使っている教科書の電子版である（教員が提示用教材として用いているものではない）。このデジタル教科書を読むためのタブレット型等のコンピュータが一人一台ベースで普及すると，電子書籍を読んだり，インターネットを利用してウェブサイト上の情報を入手したりすることが，これまでよりもさかんに行われることが想定される。すでにタブレット型コンピュータベースで展開している児童・生徒向け通信教育サービスでは，配付されたタブレット型コンピュータでさまざまな児童書が電子書籍で読めるサービスを行っているところもある。電子書籍を読むための専用端末機械にも児童・生徒用のものが出されている昨今である。多くの学校図書館はまだ紙媒体のメディアが主であるが，電子媒体のメディアを学校図書館メディアに位置づけ利用することも考えておかねばならない。また，学校図書館の電子媒体のメディアを利用するために，学校のウェブサイト等に学校図書館のページを作り，電子媒体のメディアへのパスファインダー^(注4)を設けるなど，よく利用するウェブサイト等のリンク集を作成しておくとよいだろう。もちろん，学校のウェブサイトに学校図書館のページがあり，学校図書館の概要や利用法，所蔵資料などを紹介するページがあることをまずは実現しなくてはならない。

（3）資料を探しやすい
　　学校図書館環境の整備

　これまで述べてきた資料
の整理とともに，資料が探
しやすくなるように学校図
書館環境を整備しなくては
ならない。そこで求められ
るのは以下の３点である。
　①ライブラリー・マップ
　　（館内配置図）
　②分類・案内表示（サイ
　　ン）
　③目録
　①のライブラリー・マッ
プは学校図書館の館内を案
内する地図である。学校図
書館のどこにどのような資
料があるのかを知ることが
できる。マップを作る前提
として，学校図書館内がわ
かりやすく探しやすい資料
配置とされていることが肝
要である。
　②の分類・案内表示であ
るが，児童・生徒が公共図
書館等も利用できるように
なることを考えれば資料の
分類は当然 NDC で分類さ
れることが重要である<sup>（注

図表６－４　東京学芸大学附属世田谷小学校ライ
　　　　　　ブラリーマップ（上）
　　　　　　東京学芸大学附属世田谷中学校ライ
　　　　　　ブラリーマップ（下）

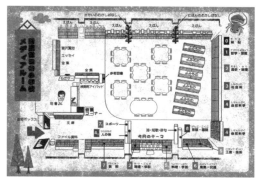

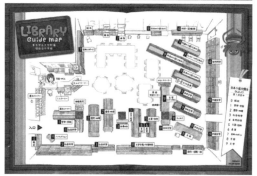

図表６－５　サイン・棚見出しの例

5）。時折，教科分類などの特殊な分類を行っている学校図書館を見ることがあるが，生涯にわたって図書館を利用することを考えれば公共図書館等と基本的には同じ汎用的な分類

図表6－6　NDC の掲示

を用いて学校図書館を整備することが必須である。資料が NDC で整理され，図書館の施設や設備（棚の大きさ等）の事情はあるだろうが，NDC の順に配架されていると利用しやすいだろう。児童・生徒が十分に NDC に慣れるように，館内には NDC を一覧するポスターや棚に表示や棚見出しを配し，資料を探しやすくしておくことが必要である^{（注6）}。

　③の目録は，先に触れたように学校図書館の蔵書等のデータベース化が進んでいる現状からはオンライン閲覧目録（以下「OPAC：Online Public Access Catalog」）が検索ツールの主となっている。かつてはカード目録や冊子目録などが使用されていたが，整備の容易さから OPAC が標準となっている。OPAC では書名を入力して資料を探すほかに，著者名，出版社，請求記号（分類記号・図書記号・巻冊記号），キーワードなどから検索することができる。検索結果は上記のものの他に，目次や表紙等が見られるものもあり，これらはデータベースシステムによって異なる。

4　情報収集の指導（3）情報の読み取りと記録

　収集した資料から知りたいことなどの必要な事柄を読み取る前に，まずはその情報が資料のどこにあるのか所在を確認しなくてはならない。インターネットのウェブサイトや電子書籍などの電子メディアでは，探し求める語を検索できる機能をもったものが多いが，紙媒体のメディアは，それぞれに応じた探し方を知らねばならない。辞典・事典などの参考図書は調べるための

本であるから，検索の仕組みが明確になっている。一般図書については目次（章のタイトルや見出し）と索引を活用することで必要な情報にたどり着きやすくなる。さらに読み方の工夫も必要である。物語などは，始めから終わりまで，丁寧に読んでいかなければ楽しむことができないが，情報を探すための読書はそのようにやっていてはなかなか求める情報にたどり着けない。そこで「斜め読み」（スキミング）と「拾い読み」（スキャニング）が必要となってくる。「斜め読み」は文章をすべて読むだけではなく，大まかに目を通しながら段落の書き出しの一文と終わりの一文を読むといったように，重要そうなところを，所々読み，大意をつかんでいくといったような読み方である。全体をつかむために大事そうだと思われる部分を読んでいくのである。「拾い読み」は自分の求めるキーワードがないか，探しながら読んでいく方法で，キーワードのあるところを見つけたら，そこに重点をかけて読んでいくという読み方である。いずれも重要なのは，丁寧に全部を読まず，必要なところを読むという方法で，これで自分の探す情報が掲載されている有用な本や部分を見つけたら，そこからじっくりと読んでいくのである。このようにして，読み方にも工夫が必要である。

　必要な情報を見つけることができたら，それを手もとに保存する必要がある。他の資料と比較したり，表現する際に確認したりと，再度読み，利用する可能性がある。そこで何らかの方法で記録する必要があるが，それには２つの方法があるだろう。

　①原文，資料等をそのままうつして記録する（抜き書き）

　②原文，資料等を要約して記録する

　①は，必要箇所を見つけることができ，視写ができればだれでもできる。しかし，原文や資料の分量が多い場合は時間がかかり大変である。そこで②があるが，これには大量の情報の重要な部分だけを抽出し，短くまとめる能力が必要となる。国語科の学習等で，要約の技能を身につけ，磨いておく必要があろう。中学校・高等学校になると，コピーをとるという方法も使われることだろう。大学生だと，スマートフォンで資料の写真を撮っていたりする。ただ，①や②は，書き写したり要約したりしながら内容を把握できると

いう効果があること
も見逃せない。近年，
読み取ることや書き
写すことに困難をも
つ障がいがあること
もわかってきている
ので，書き写すこと
のみにこだわって，
児童・生徒の意欲を
減じないようにした
いものである。

図表６－７　情報カード

何に記録するかで
あるが，ワークシートやノート等さまざま考えられるが，学校図書館を活用
する学校では情報カードがよく使われている。

　情報カードにもさまざまな種類があり，中にはワークシートのように記載
する事項が多く書かれているものもある。導入期はそれでよいかもしれない
が，自立的な探究者となるためにはできるだけ汎用性の高いツールを自分の
考えで使いこなす必要がある。そうなるとシンプルな情報カードがよいだろ
う。そもそも情報カードは梅棹忠夫の『知的生産の技術』[注7]で紹介された「京
大型カード」が普及の端緒の役割を果たした。梅棹の「京大型カード」もき
わめてシンプルなものだった。

　このようなカードに記録を蓄積していくと，カード自体を操作することに
よって整理・分析することもできる。

　これらの記録を，実際にレポートを書く時やプレゼンテーションで使う場
合には，自分で調べたり考えたりしたことのように書くと盗用したことにな
る。調べ，読んだ文献等の著者の著作権を侵害することになるのである。著
者の調査や考え等を利用したい場合には引用という手法を用いる。原著書等
に掲載されたそのままの文章を必要最小限度において「　」で括って表現す
る方法（直接引用），要約して示す方法（間接引用）があるが，いずれも出典（著

者名，書名，出版社，出版年等）を明記することが必要である。また，自分の表現が量的に主となっていて引用する部分が量的に従となっていなくてはならない。知識基盤社会では知的財産の尊重がきわめて重要である。著作者の努力に敬意を払い，その表現等の独自性を尊重するためにも，盗用・剽窃することなく正しく引用できるよう指導しなくてはならない[注8]。

（鎌田和宏）

〈注〉
（注1） 河西由美子，堀田龍也監修『まかせて！学校図書館　図書館利用指導提示ソフト』（スズキ教育ソフト）同ソフトは全部で6巻販売されており，小学校低学年（2巻），小学校中学年（2巻），小学校高学年（2巻），中学校・高等学校（2巻）がある（https://www.suzukisoft.co.jp/products/mt/［2020年5月25日現在参照可］）
（注2） 三上久代『学校図書館における新聞活用』全国学校図書館協議会　2006年
（注3） ファイル資料については，次を参照のこと。藤田利江『授業にいかす情報ファイル　シリーズ』全国学校図書館協議会　2011年
（注4） 石狩管内高等学校司書業務担当研究会『パスファインダーを作ろう　情報を探す道しるべ』全国学校図書館協議会　2005年
（注5） 芦谷清『学校図書館のための図書分類法』全国学校図書館協議会　2004年
（注6） 大平睦美『学校図書館をデザインする　メディアの分類と配置』全国学校図書館協議会　2012年
（注7） 梅棹忠夫『知的生産の技術』岩波書店　1969年
（注8） 著作権については，インターネット上の情報についても考えなくてはならない時代になった。福井健策『改訂版　著作権とは何か　文化と創造』（集英社　2020年）森田盛行『みんなで学ぼう学校教育と著作権　著作権の基本から指導まで』（全国学校図書館協議会　2019年）が参考になる。

第Ⅶ章　情報活用能力等の育成と評価（3）整理・分析

1　情報の整理・分析方法の指導（1）整理・分析の過程の意義

　2020年に小学校から順次全面実施されている学習指導要領では，（教員が）「何を教えるか」から（児童・生徒が）「何ができるようになるか」に重点がうつり，児童・生徒に身につけさせたい資質・能力を，改訂された教育基本法にあわせて「知識・技能」「思考力・判断力・表現力等」「学びに向かう力・人間性等」(注1)の3つの柱で整理した。この児童・生徒に身につけさせたい資質・能力の中で，探究的な学習の整理・分析の過程で重要となるのは「思考力・判断力・表現力等」である。これについて学習指導要領の解説では中央教育審議会答申を引きながら「テクスト（情報）を理解したり，文章や発

図表7－1　学習指導要領改訂の考え方

出典：https://www.mext.go.jp/content/1421692_6.pdf

話により表現したりするための力として，情報を多面的・多角的に精査し構造化する力，言葉を通じて伝え合う力，構成・表現形式を評価する力，考えを形成しふかめる力があげられる」^(注2)としている。また「社会や生活の中で直面する未知の状況の中でも，その状況と自分の関わりを見つめて具体的に何をなすべきかを<u>整理したり，その過程で既得の知識や技能をどのように活用し，必要となる新しい知識や技能をどのように得ればよいのかを考えたりする</u>などの力」^(注3)と説明している（下線は筆者）。整理・分析の過程とは，知識すなわち学習者によって収集・理解された情報が課題の解決にとって必要か否かを判断し，取捨選択することや，解決の見通しにしたがって情報を分類したり，関係づけたり，順序立てたりして，新しい関係性を見出したり判断を下したりする過程なのである^(注4)。このような過程の中で思考力・判断力・表現力等は培われていく。では実際にどのように指導していけばよいのだろうか。前章で取り上げた情報カードと思考ツールを例にとって見ていくことにしたい。

2　情報の整理・分析方法の指導（2）情報カードを利用して考える

　前章で取り上げた「京大型カード」のような情報カードが一定枚数蓄積されれば，カードと付箋等で情報の整理・分析が行える。

　情報カードの見出しを読み，分類を行う。同じ内容や関連する内容などで作られた情報カードのグループには，新たにそのグループの見出しを付箋等に書いてつけるとよいだろう。また，それらのグループ相互の関係性（類似，対立，因果，上位・下位，順序等）を考える。これらのグループを見ながら，設定した課題にとって，それぞれの情報カードやグループがどのような意味をもつのか検討する。課題を解決するためには，このグループの情報がもう少し必要だとか，このような情報があればよいのに全くないとか，この情報とこの情報が根拠となって，このようなことが明らかになる等々収集した情報が可視化されるのでわかりやすくなる。この情報カードを分類・整

理して，課題解決に迫る過程は，はじめから一人で行うことは難しい。分類
し見出しをつけたグループを前に，だれかに説明するとよい。それぞれのグ
ループが何を意味するのか，それぞれの関係はどのようであるか，そして課
題解決のために，これら集めた情報がどのような意味をもちうるのかが説明
できれば，課題解決の表現ができるようになっている。この説明がはじめか
ら円滑にできることは少ないだろう。聞き手が曖昧な点を整理したり，質問
したりしながら，対話によって課題解決への道筋が見えてくる。対話相手は
指導者や探究経験をもつメンターであることが望ましい。そういった者が相
手となれば，学習者が収集した情報を見ながら，情報の不足や，情報がもつ
意味をいっしょに考え，課題解決の方向性を探ることができるだろう。対話
相手にとっても探究の指導をする際に情報カードは心強い手がかりとなる。
学習者が考えつつ収集した情報が可視化されているからである。ただし，指
導者も探究の経験をもっていないと，学習者の探究の道筋に寄り添い，先を
見通すことは難しい。指導者も探究者としての経験を重ねることが重要であ
る。これらのことを教室で行うとすると，ふさわしい対話相手の手が足りな
いということが起こってくる。教員が学習者の一人と，上記の対話を実際に

図表 7 - 2　情報カードの分類・整理

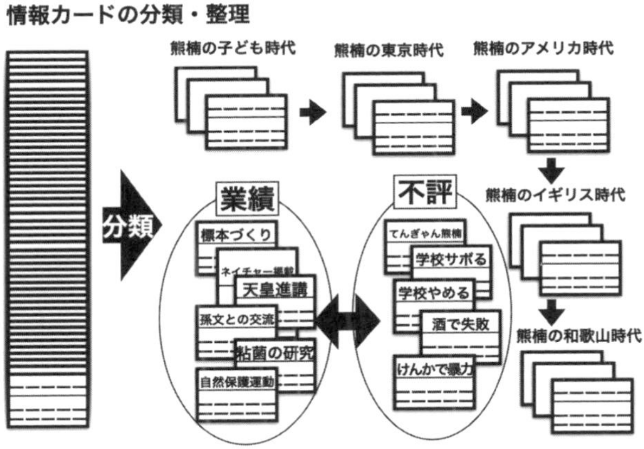

行って見せて，それをモデルとすれば一定程度の数の学習者は対話が可能と
なるだろう。また，対話を一対一でなく，一対多（聞き役が多）としてもよ
いだろう。これらの経験を繰り返すうちにこれらの過程を自己内で行えるよ
うになってくる。ただし自己内対話による探究過程の整理・分析は独善的に
なる危険性もあるので，実際に表現し，見直す場も考えておきたい^{（注5）}。

　図表7−2は，社会科の授業で，近代になって世界で活躍した日本人を一
人選んで，調べて発表するという課題が与えられた際に学習者が行った整
理・分析の過程を例示したものである。はじめは氏名の不思議さから人物を
仮に選択した学習者は，参考図書で南方熊楠の基本情報を知り，大学を出て
いないのに研究者として世界から注目されていたことに驚き熊楠を取り上げ
ることにした。大学で学んでいない熊楠がどうして世界から注目されるよう
な研究ができたのかを明らかにしていくことにした。伝記や研究書等の一般
図書も読み，熊楠に関する情報を収集し，情報カードに蓄積していった。そ
れらがある程度蓄積されたところで，情報カードを机の上にすべて広げ，概
観し，整理・分析を試みた。世界から注目された研究者としての業績を調べ
る中で，どうしてそのような成果が生み出されたのか，熊楠の生涯を調べる
ことによって明らかになるのではないかと考えた。子どもの頃から非常に強
い好奇心と行動力もあり，環境にも支えられ，熊楠が研究に邁進していった
ことが明らかになってくる。情報カードを熊楠のライフ・ステージごとに分
類することによって，世界に認められた研究がどのように生み出されたのか
明らかになってくる。驚異的な記憶力と語学の才能，集中力の高さが数々の
業績を生み出してきた原動力となったことも明らかになった。しかしこの探
究の過程で，自らの興味を優先するがあまり，熊楠の自由な探究を妨げる学
校教育や社会的地位を軽視していったこともわかってくる。性格的にも問題
があったと指摘する情報も発見する。これらについて情報カードを使って説
明を試み，対話する中で，多くの業績を生み出してきたことと熊楠を評価し
ない言説が存在することが話題になり，それらについて十分説明できずに対
話は終了した。この整理・分析の段階で，熊楠の世界的に認められた業績や
それらを生み出した過程・背景は明らかになってきたが，熊楠をどう評価す

べきなのかという新たな課題に直面した。これを解決するために，熊楠をどう評価するか，それはどのような根拠によるかについて，もう少し情報を集め，それらから自分はどう評価するのか再考するという見通しをもつことができた。

　情報カードは，そのもの自体が収集された情報であり，それらのグループが探究課題を解決するための手がかりである概念や視点を生み出すことができる。必要なのは課題解決をするための概念・視点等が見出せるか否かなのである。学習者は多くの情報を収集する中で，それらについて発見できているかもしれないが，表出できていないかもしれない。対話の相手となって指導する者，支援する者は情報の総体を共有しながら探究の方向性について仮説をもちつつ，対話に臨む必要があるだろう。しかし，それを学習者に押しつけてしまってはならない。ソクラテスの問答法よろしく，学習者が自ら見出せるように支援することによってこそ，はじめて主体的で自立的な探究者たり得るのである。

3　情報の整理・分析方法の指導（3）思考ツールを利用して考える

　思考ツールは，シンキングツールやグラフィックオーガナイザーとも呼ばれ，汎用性の高いワークシートによって考える方法を支援するものである。順序づける，比較する，分類する，多面的に見る，変換する，広げる，理由づける，見通す，具体化する，抽象化する，構造化する，分析する，価値づける，メタ認知するなど，さまざまな思考スキルを支援する思考ツール（シンキングツール）が存在する[注6]。

　図表7－3でわかるように，さまざまな思考スキルに対応した思考ツール（表ではシンキングツール）が存在する[注7]。

図表7−3　思考スキルとシンキングツール（思考ツール）の対応（黒上晴夫による）

思考スキル	シンキングツール	思考スキルと対応した活用法
順序付ける	ステップ・チャート	・事項の順序を検討する
比較する	ベン図	・共通点と相違点を明らかにする
	マトリクス	・視点を設定して特徴を記述する
分類する	ベン図	・円が表す特徴に当てはまるものを列挙する
	くま手チャート	・櫛に設定された視点に当てはまるものを列挙する
関連付ける	コンセプト・マップ	・事項同士の関係を記述する
	クラゲ・チャート	・頭部においた事項とその原因をつなげる
多面的にみる	くま手チャート	・櫛に設定された視点から対象をみる
	Ｙ／Ｘ／Ｗチャート	・領域に設定された視点から対象をみる
	フィッシュボーン図	・中骨に設定された要因を細分化して，問題解決を図る
変換する	イメージマップ	・広げたイメージをもとに言い換える
	Ｙ／Ｘ／Ｗチャート	・領域の視点から対象をみて，新しい意味を構成する
広げる	イメージマップ	・中心の語からイメージをつくり出す
	Ｙ／Ｘ／Ｗチャート	・領域の視点にそって出したアイディアからイメージをつくる
理由付ける	クラゲ・チャート	・頭部においた主張に論拠をつなげる
	キャンディ・チャート	・条件から予想した結果の根拠を書き出す
	ピラミッド・チャート	・頂点においた主張に理由と根拠をつなげる
見通す	キャンディ・チャート	・条件から結果を予想する
具体化する	ピラミッド・チャート	・頂点においた主張や概念に対応する下位概念や事実をあげる
抽象化する	ピラミッド・チャート	・低層部においた事実の上位概念をもとに，主張をつくる
構造化する	ステップ・チャート	・情報の順序を検討する
	クラゲ・チャート	・主張と論拠の関係を整理する
	ピラミッド・チャート	・事実と上位概念の関係，根拠と理由と主張の関係を整理する
	コンセプト・マップ	・対象同士の相互関係を明らかにする
分析する	くま手チャート	・複雑な対象を細分化する
価値付ける	ＰＭＩ	・対象のプラス面，マイナス面，気になるところを明らかにする
メタ認知する	ＫＷＬ	・既有知識をもとに，調査事項を決めて，わかったことを整理する

出典：黒上晴夫「初等中等教育におけるシンキングツールの活用」『情報の科学と技術』67（10）　情報科学技術協会　2017年　p.521-526

図表７－４　Ｘチャート　分類する　郷土の偉人（島根県）

大梶七兵衛（防砂林・用水）
清原太兵衛（佐陀川開削）

開発

西周（教育者）
永井隆（医師・
放射線病研究）

学術　文化

政治

小泉八雲（小説家）
森鴎外（医師・小説家）

竹下登（政治家・首相）
松浦斌（政治家・隠岐航路）
井戸平左衛門（芋代官、飢饉対策）

　図表７－４に示したＸチャートは分類する場合や多面的に見る，発想等を広げる際に利用できる思考ツールである。類似の思考ツールにＹチャート，Ｗチャートなどがある。Ｘチャートは４つ，Ｙチャートは３つ，Ｗチャートは５つの分類・視点が設定できる。図表７－４の事例では，郷土の偉人について調べる際に，どのような偉人がいるのかを調べ，分類したものである。地域の開発に貢献した偉人，教育や学術発展に貢献した偉人，文化の発展に貢献した偉人，政治で人々の暮らしの改善に貢献した偉人の４つの視点で分類・整理している。

図表７－５　くま手チャート　多面的に見る

目　無色透明
　　白濁（練る）

耳　ねちゃねちゃ

水あめ

口　あまい

鼻　においはしない

手　ベタベタしている

図表7－5に示したくま手チャートは，調べてきた情報を整理し，多面的に見るために利用する思考ツールである。この例では，水あめについて調べてきたことを目（視覚），耳（聴覚），口（味覚），鼻（嗅覚），手（触覚）の視点から捉えるとどうなるかを表出させ，それをもとに探究を広げたり深めたりすることができる。

図表7－6　フィッシュボーン（図）要因の分析　バレー部が試合に勝てない

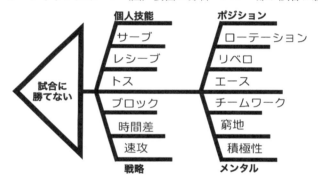

　図表7－6に示したフィッシュボーン（図）は要因を分析し，問題解決に役立てる際に利用する思考ツールである。魚の骨に見立てた思考ツールで，図表7－6では左側の頭の部分に課題が書かれ，それを解決するために個人技能，戦略，ポジション，メンタルの4つの視点から問題点は何かを魚の骨に書き出していくことによって，問題を解決するための要素を考えていく。

　このように，思考ツールは図表の形を利用して，直感的に整理を行い，考えることができるように支援するツールで，利用方法の習得も比較的容易である。ただし，思考する局面で，その思考のスキルに応じて，思考ツールの選択ができることが必要で，指導者が探究の先を見通し，思考ツールを選択して示す必要がある。学習者が自立的に探究できるようになることを考えた場合，自分で思考ツールを開発できるようになることが望まれる。思考ツールの利用に習熟した小学生が自分で思考ツールを開発した実践事例も存在す

る。この他にも思考ツールは多種存在する。すでに存在する思考ツールを利用することもよいが，求められる思考スキルに応じて思考ツールを開発することも可能であろう。

（鎌田和宏）

〈注〉

（注1）文部科学省「学習指導要領改訂の考え方」（https://www.mext.go.jp/content/1421692_6.pdf［2020年5月25日現在参照可］）

（注2）文部科学省『小学校学習指導要領解説　総則編』東洋館　2018年　p.50

（注3）文部科学省『小学校学習指導要領解説　総則編』東洋館　2018年　p.37

（注4）文部科学省『小学校学習指導要領解説　総合的な学習の時間編』東洋館　2018年　p.37

（注5）鎌田和宏『入門　情報リテラシーを育てる授業づくり　教室・学校・ネット空間を結んで』少年写真新聞社　2017年　p.103-110

（注6）黒上晴夫「初等中等教育におけるシンキングツールの活用」『情報の科学と技術』67（10）　情報科学技術協会　2017年　p.521-526

（注7）黒上晴夫・児島亜華里・泰山裕『シンキングツール〜考えることを教えたい〜』NPO法人学習創造フォーラム　2012年（http://ks-lab.net/haruo/thinking_tool/short.pdf［2020年5月25日現在参照可］）

第Ⅷ章

情報活用能力等の育成と評価（4）まとめと表現

1　情報のまとめと表現の指導（1）まとめと表現活動　作品の種類とその特徴

　問題意識が醸成し，問題を解決するための課題を設定し，情報を収集して，整理・分析を行うことができれば課題解決の表現，すなわち結論の提示ができるわけではない。整理・分析されたことをまとめ，表現対象を考慮して作品や活動を構成していかなければならない。まとめるとは，それまで調べてきた情報の中から結論を導き出すために必要十分な情報を選び出し，それらを統一のあるまとまりに構造化することである。

　この構造化にあたっては，表現作品・活動の種類とその特性をふまえた上で行うことが重要である（図表8−1）。

図表8−1　表現作品・活動とその特色

	作品・活動名	特性等
話す	・口頭発表 ・プレゼンテーション	・話したことは残らないので聞き手を引きつける工夫が必要・効果的な画面をつくりが重要
演じる	・人形劇・ペープサート ・劇	・聞き手を引き込みやすい ・人形の造形と物語の展開が重要
書く・描く	・文 ・絵・図 ・表・グラフ ・地図 ・年表 ・ポスター ・リーフレット ・パンフレット ・新聞 ・本 　絵本 　アルバム 　ガイドブック 　図鑑 　辞典・事典 　一般書 ・レポート ・論文	・文は残るので正確さが必要 ・視覚に訴え，わかりやすい ・数値をわかりやすく可視化して示せる ・地理的情報を記号化・抽象化して示せる ・時系列の推移・変化を表しやすい ・主張を直感的に伝えられる ・1葉で端的に情報が伝えられる ・複数頁で説明が詳細になる ・情報を重要度に応じて端的に表現できる ・まとまった情報を文と写真・絵・図・表・グラフ・年表等を組み合わせて表現できる。 ・絵と文の組み合わせ，写真とキャプションの組み合わせで分かりやすく伝えられる ・説明を文と図等で分かりやすく伝えられる ・写真や絵で視覚に訴えわかりやすい ・言葉やことがらの基本的説明が50音順等で配列 ・主題・課題等について調べた報告文 ・論題について調査研究を行い論証した成果を述べた文章
作る	・模型 ・ウエブサイト	・実物を模したりことがらを説明する為に作った造形物 ・ネット上に作成されたハイパー・テキスト（文・画像・リンク等）構造をもつ

　また，すべての表現・活動にあたって重要なことは，調べた事実等と，自分の意見を区別して表現するために正しく引用し，出典を明記することである。以下ではレポート・論文と口頭発表・プレゼンテーションを例にとってその特性と指導について見ていくことにしたい。

（1）レポート・論文

　最も標準的なものは，レポートや論文等の文章に表現することであろう。文章に表現することによって，読み手は自分のペースで何度も繰り返し表現作品を吟味することができる。それゆえに正確な表現が求められるのである。

　レポートとは報告文であり感想文ではない。テーマや課題に対して調べてきたことがらを報告し，課題（問い）に対する答えを示すものである。はじめに課題（問い）を提示し，その答えを導き出す客観的な証拠（調べたことがら）を論理的に示しながら推論を進め，結論（答え）を示すという3部構成になっていることが多い。

　論文はレポートよりも分量が多くより正確性・論理性が求められる。また課題が与えられるものでなく自分で設定されることが多い。課題に関するこれまでの研究成果（先行研究）をふまえ，その批判・評価の上に展開された探究成果が示され，独自性が求められるものである。

　小学校ではレポートを書くことが多く，論文を書かせることはそれほど多くないだろう。レポートは先述のとおり3部構成で書かせることが多く，よく見られる構成は①課題の説明（研究の動機や目的・方法）②課題について調べたこと③結論である。この他に表紙，目次を最初に付け，末尾に引用文献や参考文献の一覧をつけることが必要である。

　中学校・高等学校ではレポートだけでなく論文を書かせることもある。レポートの構成は小学校と概ね同じである。論文では①結論②課題の提示③先行研究の批判・課題の分析・課題解決の提案④まとめと展望の構成で作成されることが多い[注1]。

（2）口頭発表・プレゼンテーション

　口頭発表は，文字通り音声言語のみで発表する表現である。ただ近年は純粋な口頭発表よりも，何かしらの表現物を併用しての発表が多く，ポスター発表やプレゼンテーションは口頭発表の発展型と考えてもよいだろう。音声言語だけの発表は，聞き手にとって受け取りやすい半面，発表が長かったり複雑なものとなると，メモをとるなどしないと発表者が話したことはその場で消えていくことから伝わりにくいものとなる。発表者はそれを考えてわかりやすい構成にする必要があるので，あらかじめ発表原稿を作るとよいが，それをそのまま読み上げるだけでは伝わりにくい表現になってしまうことも多い。

　プレゼンテーションは上記の欠点を補うために，視覚に訴える単語や文章，写真，図，表，グラフなどを画面に映し，それを見せながら発表する方法である。スケッチブックや画用紙に描いて，それを見せながら発表する方法もあるが，近年はコンピュータのプレゼンテーションソフトを使って行うことが多い。Microsoft 社の PowerPoint や Apple 社の Keynote が代表的なものである。これらを使うと，カラフルにさまざまなメディア資料（静止画，動画，音声等）が使え，アニメーションを利用して強調表現を行うこともできるので，ICT の活用が求められている学校現場ではよく使われるようになってきている。

2　情報のまとめと表現の指導（2）構成の検討と執筆・作成，発表

　レポートや論文，口頭発表（原稿）やプレゼンテーションを行うために，文章を書いたり発表原稿や提示画面を作成したりする前に，わかりやすく伝わりやすいものとするために構成を検討しておかねばならない。

　情報カードを使ってここまで探究を行ってきた場合は，発表に使うカードを取捨選択し，順序を考えて並べ替え，発表の構成を検討し，それを見なが

ら原稿を書いたり，作品を構成したりすればよい。

　その他の方法で記録した際には以下のような思考ツールを使うとよいだろう。

　構成を考える際に重要な要素は，主張とその理由，それを裏づける事実などである。これらを明確にするためには，ピラミッドチャートを活用するとよい[(注2)]。

図表8−2　ピラミッドチャート

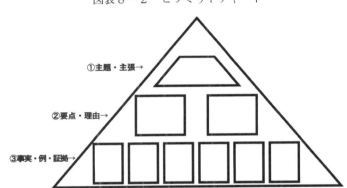

　この思考ツールは，探究してきたことから①主題・主張，②要点・理由，③事実・例・証拠の3つの要素を書き出すことで，表現が可能かを点検でき，構成を検討することができる。①が妥当かは②を見ることで，②が妥当かは③を見ることで，③については出典等が明確であるかで検討できる。

　イギリスの科学哲学者である，スティーブン・トゥールミンが提唱した議論のモデルは，三段論法（大前提・小前提・結論）では十分な論証ができないとして，①主張，②根拠，③論拠，④裏づけ，⑤反証，⑥限定条件の6つの要素で論証の確からしさを吟味する[(注3)]。

図表8−3　トゥールミンの論証モデルの活用

証拠		主張
限定条件		反論
理由づけ	理由づけ	理由づけ
裏づけ	裏づけ	裏づけ

桑田てるみ『問題解決スキルノート』明治書院　2011 年　p.132-135 より構成

　このモデルの骨格は①主張と，その確からしさを保障する②根拠と，それをつなげる考え方である③論拠の３つの要素である。この３点を取り出し三角ロジックとする場合もある。例えば②根拠：室温が 30 度だ，③論拠：窓を開ければ室温が下がり快適になる，①主張：窓を開けたほうがいい，といったように主張を論証をする(注4)。この思考ツールの特色は，主張に対する⑤反証と論拠の確からしさを示す⑥限定条件があることである。⑤の主張に対する反論を想定することで，反論を覆せるだけの強さをもった主張であるかが吟味される。例えば室外の温度が室内よりも高ければ，③①はともに成り立たない。そこで②④が吟味されるのである。また⑥は論理の強さや正しさを示し，この事例の場合，熱の性質によって確からしさが担保されている。熱の性質から室温が室外の温度よりも高ければ，窓を開ければ室温は低くなろうとして下がり，過ごしやすくなるのである。これらを証拠立てる事実が④の裏づけとして示されるのである。

　このように情報カードの操作や思考ツールを利用して，探究から導き出さ

れた主張が確かなものであるか，またその論証の過程や示した根拠が妥当なものであるかを確認することができる。この確認の過程自体が，他者に探究を表現する際の構造となっているのである。例えばレポートであれば，はじめに探究の動機や目的・方法が示され，それにしたがって収集された事実（ピラミッドチャートでは③）と考察（ピラミッドチャートでは②）が示され，最後に主張やまとめ（ピラミッドチャートでは①）が述べられ，末尾に根拠となった引用文献・参考文献のリストが示される。

図表８－４　プレゼンテーション構成シート

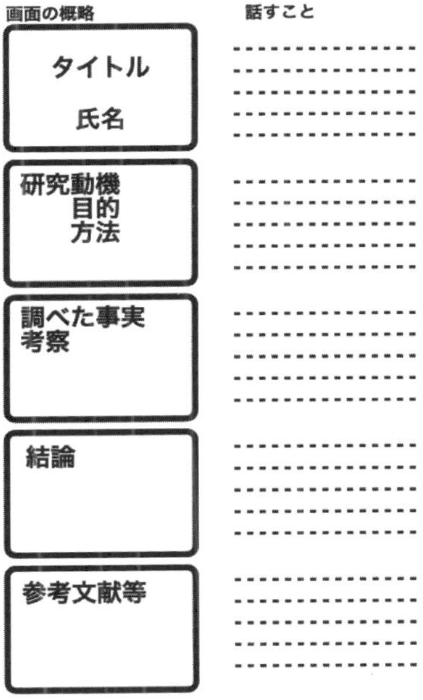

プレゼンテーションは口頭発表であるから聞き手の関心を集める工夫も必要である。図表８－４のようなプレゼンテーションの構成を構想するワークシートを渡し，考えてもよいだろう。児童・生徒がプレゼンテーション画面を作成する際には次のような注意が必要となる。

①1枚のスライドに盛り込む情報量は極力少なくする

②あまり小さな文字を使わない（発表会場の後方から見える大きさで）

③使用する色に統一性をもたせ効果的に使う

④アニメーションを使いすぎない（強調ポイントのみで使った方が効果的）

⑤聞き手が引き込まれるような工夫をする（とくにはじめの方）

　できれば発表原稿を作成し，発表することに過不足がないか点検したい。しかし，原稿を作成したからといって，原稿にのみ視線を落とし，読み上げるようなプレゼンテーションは聞く側も関心をもって聞くことは難しい。プレゼンテーションは聞き手を納得させ，説得することが大切なのである。聞き手の反応を見ながら，話せるようにしたいものである。

3　情報のまとめと表現の指導（3）作品の評価と保存

　探究的な学習の成果として，レポートや論文等の作品やプレゼンテーションなどの活動を行ったら，探究のプロセスと成果物（活動）を振り返って総括的な評価をしておきたい。先に示したカナダ・アルバータ州のモデルではそれぞれのプロセスでの振り返りもあったが，一連の探究が一区切りついたところでも探究のプロセス全体を評価する過程が設定されていた。教員による評価も重要だが，児童・生徒が自立的な探究者となるためには，自分の探究を自分で評価できる，すなわち自己評価能力を育てる必要がある。そのためには次の2点が必要である。

　①学習者に評価の視点がわかるようにしておく

　②探究的な学習の過程を振り返ることができるように，学習の過程を記録したり，ポートフォリオを作成したりする。

　①については，評価の視点としてどのようなスキルを身につけたか振り返ることができればよいだろう。図表8－5「情報リテラシーチェックリスト（小学校6年生）」[注5]は児童に身につけてほしい情報リテラシー（情報活用

　能力）のチェックリストを，松江市で作成された情報リテラシーの体系表を
もとに筆者が作成したものである。

図表８−５　情報リテラシーチェックリスト（小学校６年生）

	カテゴリー	情報リテラシー	よく知って いる・自分 でできる	だいたい 知ってい る・できる	少し知っ ている・ できる	わから ない・で きない
知る	図書館の利用	地域の図書館，博物館等を利用する	4	3	2	1
		コンピュータで必要な情報を検索できる	4	3	2	1
	分類・配架	分類を覚える（０〜９類）	4	3	2	1
見つける	課題の設定	学習計画を立てる	4	3	2	1
		連想から発想を広げる	4	3	2	1
つかむ	情報の収集	課題に応じて複数資料を集める	4	3	2	1
		情報の特性を知る	4	3	2	1
	人からの情報	聞き取り調査や取材をする	4	3	2	1
	図鑑・辞典・事典・統計資料等の利用	分野別事典を使う	4	3	2	1
		年表を活用する	4	3	2	1
	図表，絵，写真の利用	複数の資料を活用する	4	3	2	1
	新聞や電子メディア等の利用	説明の工夫を読み取る	4	3	2	1
	出典,引用,著作権,参考資料一覧について	著作権を知る	4	3	2	1
	情報の取り出し	要旨をとらえる	4	3	2	1
まとめる	情報の整理	複数の情報を効果的に活用する	4	3	2	1
		項目毎に整理する	4	3	2	1
	まとめ	目的に合わせ方法を選んでまとめる	4	3	2	1
		目的に合わせて事実と考えや感想を区別してまとめる	4	3	2	1
		自分の考えを持つ	4	3	2	1
伝え合う	発表，交流	発言の意図を明確にする	4	3	2	1
		意見と理由とのつながりを考えながら聞く	4	3	2	1
		資料を活用して説明する	4	3	2	1
		問題を解決するために話し合う	4	3	2	1
ふり返り		学習の過程と結果を活動に応じて評価する	4	3	2	1

松江市教育委員会「松江市小中一貫カリキュラム　『学び方指導体系表』
〜子どもたちの情報リテラシーを育てる〜」2019 年　をもとに筆者作成

　このチェックリストには，「知る」ことに関して，図書館の利用，分類・
配架の２項目を立て，
　　・地域の図書館，博物館等を利用する
　　・コンピュータで必要な情報を検索できる
　　・分類を覚える（０〜９類）
の３項目をあげている。これらについて，探究的な学習を行う前とあとに
チェックすると，学習の前後で情報リテラシー（情報活用能力）のスキルが
どれくらい身についたか明らかになる。

ただ，情報リテラシー（情報活用能力）を構成するスキルが身についただけでは，自立的な探究ができるようにはならない。これらを必要に応じて利用し，探究的な学習が展開できるようになることが重要なのである。それには，探究の過程で作成される成果物を綴じ込んだポートフォリオや制作の過程を記した記録が役に立つ。ポートフォリオは探究のあしあとを，探究の過程で作成したさまざまな成果物で具体的に想起することができる。制作日誌を読み返すことによって制作途上で突き当たった問題や悩み，喜び等に再び出会うことができる^(注6)。相互評価，教員による評価を組み合わせて，児童・生徒の自己評価能力を高めることによって，自己の目的を達成するために，情報を駆使することのできる情報リテラシーは育てられるのである。

　表現した作品や活動は学校図書館に保存され，学習の際の資料として提示できるとよい。レポートや論文等は複製をつくり，分類・整理しておき，同様の学習が行われる際に，モデルとして示せるようにしておくとよいだろう。児童・生徒にとってもモデルとなるし，指導する教員にとってもどのような学習を展開すればよいのか考えるための材料となる。探究的な学習に熱心に取り組んでいる学校では，レポートや論文が製本され分類・配架されている。プレゼンテーションは，発表時の画面のファイルに，音声を録音できるものもある。また，発表の様子の動画を撮っておいてもよいだろう。これらをDVD等に焼いてもよいし，学校内のサーバー等に保存してもよいだろう。これらの作品・活動を保存する際には，作者である児童・生徒に学習資料として利用する許諾をとることも忘れずにしておきたい。

（鎌田和宏）

〈注〉
（注1）小笠原喜康・片岡則夫『中高生からの論文入門』講談社　2019年　p.172
（注2）桑田てるみ『問題解決スキルノート　5ステップで情報整理』明治書院　2011年　p.128-131
（注3）桑田てるみ『問題解決スキルノート　5ステップで情報整理』明治書院

2011 年　p.132-135。トゥールミン・モデルについては，スティーブン・トゥー
ルミン『議論の技法』東京図書　2011 年，福澤一吉『議論のレッスン　新版』
NHK 出版　2018 年　を参照。

（注４）向後千春「向後研究室教材サイト」より，「スタディースキル」の「４.主
張を組み立て，議論する」の「２．トゥールミンの三角ロジック」を参考に構
成した（https://kogolearn.wordpress.com/studyskill/chap4/sec2/［2020 年 5 月
25 日現在参照可］）。

（注５）松江市教育委員会学校図書館支援センター「『学び方指導体系表』〜子
どもたちの情報リテラシーを育てる〜」2016 年（http://www1.city.matsue.
shimane.jp/kyouiku/gakkou/gakkoutosyokan/gakkoutosyokannkyouiku.data/
hpsidoutaikei.pdf［2020 年 5 月 25 日現在参照可］）

（注６）例えば，慶應義塾普通部　2016 年度労作展　「[国語科]文明落語『プレイボー
ル！』／労作展が教えてくれること　3 年 R.F. 君」（http://www.kf.keio.ac.jp/
rosakuten/2016/2016_koku_02.html［2020 年 5 月 25 日現在参照可］）。慶應義塾
普通部では 1927 年から続いている労作教育の取り組みとして，中学生が論文執
筆や工作に取り組んでいる。この製作過程を日誌に詳細に記録することを求め
ている。生徒の試行錯誤が記録されており，これを読み返すことによって自分
の探究過程を振り返ることができる。これに関する司書教諭の取り組みは以下
を参照のこと。慶應義塾普通部司書教諭（当時）庭井史絵と稲垣忠の対談「探
究心に火をつける」（社団法人国際文化フォーラム『CoReCa2017 − 2017』2017
年 8 月　https://www.tjf.or.jp/feature/2862/［2020 年 5 月 25 日現在参照可］）。

情報サービスと学校図書館

1　情報サービスとは何か

（1）情報サービスの変遷

　情報サービスは19世紀後半のアメリカで，収集した資料を貸出・閲覧することのみを本務としていた図書館に，利用者援助（aid to readers）という概念が始まったことに端を発する。後に「refer」（「問い合わせる」「参考にする」という意）に応える業務として「レファレンス・ワーク」と呼ばれ，さらに，図書館の果たすべき責任ある業務として認識し，実施するための組織が整えられて「レファレンス・サービス」という図書館の専門的な機能として認められるようになった。インターネット社会となり，コンピュータが導入されたことで図書館の業務が拡張するにともない，「レファレンス情報サービス」となり，次いで「情報サービス」と名称が変わってきた。

（2）情報サービスとは

　図書館における情報サービスとは，利用者と図書館の提供できる情報を結びつけることである。利用者に図書館員が直接，情報提供することをパブリック・サービスといい，直接サービスともいう。資料の収集や組織化など利用者に情報提供するための環境を整備することをテクニカル・サービスといい，間接サービスともいう。後者の環境サービスについては，第X章・第XI章を参照されたい。

　一般的な情報サービスについて内容をあげると，次のようになる。

①利用案内

　〔直接〕・図書館の利用法を案内する図書館オリエンテーション。

　　　　　・文献探索など情報の探し方を教える利用案内。

　〔間接〕・利用案内パンフレットの作成。

　　　　　・ホームページでの案内作成。

②レファレンス・サービス　（reference service）

　〔直接〕・利用者の質問や要求に図書館員が回答を提供または提示する。

　〔間接〕・レファレンス・コレクションの形成。

　　　　　・レファレンス・ネットワークの組織づくり。

　　　　　　自館で応えられない質問や要求がきた時に他の図書館や博物
　　　　　館・美術館・科学館・郷土資料館，そのほかの機関の応援を頼む
　　　　　ことができる仕組みづくり。

③レフェラル・サービス　（referral service）

　〔直接〕・その図書館では対応できない要求に対し，回答可能な他の図書館・
　　　　　専門機関・専門家に照会して入手した情報を提供する。

　　　　　・またはそれらの機関の専門家を紹介する。

④カレント・アウェアネス・サービス　（current awareness service）

　　　利用者の要求によって始まる，最新情報を継続して提供するサービス。

　　　　　・コンテンツシートサービス

　　　　　　専門雑誌最新号の目次情報を提供する。

　　　　　・SDI（selective dissemination of information）サービス

　　　　　　利用者が事前登録した特定主題の最新情報を定期的に届ける。

⑤情報検索サービス

　〔直接〕・目的にあったさまざまなデータベースを利用者の代わりに検索す
　　　　　る代行検索サービス。

　〔間接〕・OPAC（Online Public Access Catalog：データベース化された
　　　　　蔵書のオンライン閲覧目録）の設置。

⑥コミュニティ情報サービス

　〔間接〕・地域の人材や各種機関を案内する案内紹介サービス・地域情報サー

ビス。

⑦読書案内 （reader's advisory services）

〔直接〕・利用者の読書要求を聞き取って，図書館の専門的見地から読書計
画，資料提供，実行援助するサービス。学校では読書指導に相当
する。児童・生徒の読書傾向や読解力を考えて応じる。単純な貸
出サービスという軽い位置づけではなく，子どもの読む力を養っ
ていくという立場で重視したい。

図表9－1　情報サービスの直接サービスと間接サービス

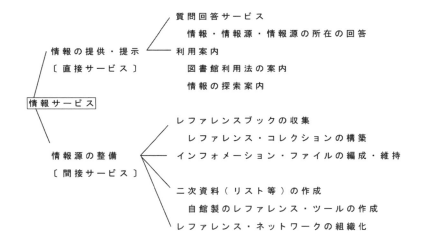

（3）発信型情報サービス

　図書館が利用者に向けて潜在的なニーズを予測した情報を発信して提供す
るサービス。学校では，図書館利用案内や新着リスト，おすすめブックリス
ト，POP，ライブラリ・ナビ，定番のテーマに対するパスファインダー，単
元別参考図書目録・リンク集などが該当する[注1]。

　図書館のホームページなどにアップされていれば，校内だけでなく，校外
からもアクセスができるサービスとなる。調べ方を教える利用指導の解説や

ワークシート，課題も対象である。必要であれば，ID とパスワードを入れて関係者のみの閲覧とすることもできる。

　レファレンス事例のデーターベースもあるが次の2つを紹介する。

①「レファレンス協同データベース」（https://crd.ndl.go.jp/reference/［2020年5月3日現在参照可］）

　国立国会図書館が日本のあらゆる館種のレファレンス事例を収集する。

②「先生のための授業に役立つ学校図書館活用データベース」（http://www.u-gakugei.ac.jp/~schoolib/htdocs/［2020年5月3日現在参照可］）

　東京学芸大学学校図書館運営専門委員会が学校教育のレファレンスに特化して，学習指導案とブックリストとともに事例を収集する。インタビュー記事や学校図書館案内，日常的な図書館実践も合わせて紹介する。

図表9－2　レファレンス協同データベース　と　学校図書館活用データベース

2　レファレンス・サービス

（1）レファレンス・サービス

　図書館で何らかの情報を求めている利用者に対して図書館員が直接行う（人的）サービスである。情報そのものや情報源，情報源の所在を提供する。直接（人的）サービスの利用案内も，間接（物的）サービスとなるレファレ

ンス・コレクションの形成やレファレンス・ネットワークの構築も広義には
含まれる。

（2）レファレンスの質問のレベル

　レファレンスに寄せられる質問には，難易度によって，次のような４つに
分けられる[注2]。
①案内質問
　資料の案内や所在指示を求めている質問。「星の図鑑はありますか」「星の
図鑑はどこですか」
②即答質問
　あるレファレンス・ツールを使って即座に回答できるような特定の事実や
データを求める質問。「日本で一番長い川はなんですか」「キング牧師のノー
ベル賞を受賞した年が知りたい」
③探索質問
　２種類以上のレファレンス・ツールを調べる質問で，即答できないレベル
の質問。直接の回答のほかに書誌データを提供したり，探索の方針や手順を
示すケースもある。
④調査質問
　探索質問よりもさらに時間をかけて多くのツールにあたらなくてはならな
いような比較的複雑な質問。いくつかの違う回答が出た場合など，複数の調
査結果を統合して応えることになり，時間がかかる。

（3）レファレンス・プロセス

　レファレンス・サービスのプロセスは図表９－３のようになっている。

図表9－3　レファレンス・プロセス

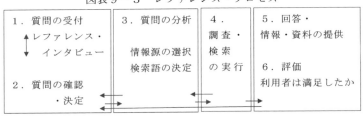

質問や相談を受け付けた図書館員はレファレンス・インタビューを行い，利用者に視線を合わせて，共感をもったコミュニケーションを心がけ，質問内容を明らかにしていく。回答のレベルを考えて，情報源の選択をし，質問内容を表すキーワードを選び出して検索語を選ぶ。調査を実行して，回答する。評価は内容の正確さと利用者の満足度である。即座の検証は難しいが，日々の業務の中であとからその不十分さに気づくことも多い。その反省の蓄積が次の情報サービスに活きていくことになる。

（4）調査の展開

所蔵資料を探すこと，百科事典，インターネットによる基本情報を収集した後，さらに必要な調査の展開には以下のような6つの発想の柔軟さや手がかりの活用がポイントとなる[注3]。

①絞る：大枠を把握した上で，調査概念を絞る。下位概念へ。
②広げる：特定のポイントから調査範囲を広げる。上位概念へ。
③射抜く：必要な言葉やキーワードをダイレクトに探す。
　　　　（質問に紛れるキーワードから思いつく限りの語を試す。）
④たどる：類似する情報や手がかりをたどって，調査範囲を移動する。
　　　　（例：モナ・リザ→ルーブル美術館）
⑤視点の変更：可能性を考えて，視点・観点を変更する。
　　　　（例：日本史→美術史）
⑥媒体の変更：別のメディアに調査範囲を移す。

（例：図書⇔インターネット）

（5）レファレンス・コレクション

　レファレンス・サービスに必要なレファレンスのためのツール（道具）は大きく分けて，館内，ネットワーク情報源，館外の3種類がある。

　「館内」に整備されるコレクションは，辞典・事典，年鑑，図鑑，地図，年表などのレファレンスブック（参考図書）を代表として，新聞雑誌の切り抜きなどのインフォメーション・ファイル（ファイル資料），リストやパスファインダーなどの自館で作成した資料など，館内のあらゆる資料と館内の人材である。「ネットワーク情報源」としては，オンラインデータベースが充実してきており，これを案内するリンク集やパスファインダーを自作したり，すでにネットワーク上にあるリンク集へのリンク集作成もする。「館外」は他校・他図書館，類縁機関の資料や専門家を含めた人材となる。以上のようなレファレンス・ツールの集合体をレファレンス・コレクションという。

3　児童・生徒へのレファレンス・サービス

（1）ゴールは子ども自身で探せる力の育成

　学校図書館が要求された情報を児童・生徒自身にあるいは学年や学級に常に用意していたとしたら，自らの力で情報を探し見つける能力は養われない。児童・生徒が学校図書館あるいは公共図書館で，「必要な情報を自分で探せるようになること」を考えたい。天道佐津子氏は学校図書館の情報サービスの特性について，以下のように指摘する。

　「学校図書館の情報サービスは，サービス自体が目的ではなく，サービスを通じて得られる教育効果を意図している。学校図書館の情報サービスは，サービスの形をとる指導といえる。」[注4]

　資料提供より，主体的に検索できるよう利用指導を常に意識しておきたい。

（2）児童・生徒の質問の類型

「何かおもしろい本」「泣ける本」「怖い本」という漠然とした質問以外に，児童・生徒の質問は次の類型に分けられる。

　①教科の調べ学習・課題

　②総合的な学習の時間または探究学習の課題

　③修学旅行や文化祭などの行事

　④クラブや委員会活動などの常時活動

　⑤進路や進学

　⑥個人の興味関心

　総合的な学習の時間に修学旅行や進路・進学に向けたキャリア教育の課題を行うところも多い。基礎知識を得るための情報は単元のはじめに全員に向かって案内し，あとはそれぞれに対応することが望ましい。はじめの単純で初歩的な質問が減って，深い質問により時間と手間をかけることができる。

（3）児童・生徒の質問の内容

　児童・生徒の質問には以下のような内容がある。授業のねらいによっては回答できないもの，援助の度合いや方法の違いも出てくるので，授業者に授業計画の確認をする。

　①所在の確認：「○○はありますか？」

　　　自館の所蔵の有無の確認。または校外の機関の所蔵を都道府県立図書館の横断検索や「カーリル」（全国約7,200館の本が探せる　https://calil.jp/［2020年5月3日現在参照可］）で所蔵を確認する。

　②書誌事項の確認

　　　タイトルの一部からその本の著者や出版社，掲載誌を確認する。任意の図書館，出版社，書店のホームページや「本の総合カタログ　Books出版書誌データベース」（http://www.books.or.jp/　「Books.or.jp」の後継［2019年5月3日現在参照可］）で検索する。

　③事実の確認：（例）「日本の世界遺産で最も新しく登録されたのはどこで

すか」どこか，いつか，だれか，何かなどの事実を確認する。

　　→百科事典，年鑑，新語辞典，新聞（これらもオンラインデータベースになりつつある），インターネット情報源にあたる。（例：「文化庁（https://www.bunka.go.jp/）」「文化遺産オンライン（https://bunka.nii.ac.jp/）」［ともに2020年5月3日現在参照可］等)

④あるテーマに関する情報の紹介：（例）「日本の世界遺産について書かれた本がほしい」

　　→目録・OPACの検索：分類・件名から探す。この場合，世界遺産のNDC（日本十進分類法）は709，旅のガイドから探せそうなら291，環境関係だと519，いろいろな可能性を確かめる。公共図書館なら日本ユネスコ協会連盟が出す『世界遺産年報』があるかもしれない。入手した参考文献を参照する。

⑤あるテーマに関する情報の探し方：（例）「日本の世界遺産について書かれた本をどうやって探したらいいか」

　　→④で試した可能性をレファレンス・ツールとして思いつけるように利用案内，利用指導をする。

　　メディアの使い方，目録・OPACの使い方，レファレンスブックの種類と利用法，インターネットでの検索の手順に加え，ヒットした情報の選び方も含めて案内する。パスファインダーとして探し方の手順を含めたリーフレットの作成を行う。

（4）児童・生徒へのレファレンス・インタビュー

「トマトの本が欲しい」と子どもに質問されたとき，料理のトマトなのか，トマトを育てるのか，質問の確認つまりレファレンス・インタビューをしないと実は本当のニーズにたどり着けない。トマトの何が知りたいのかを聞くより「どうして，トマトの本を読もうと思ったの」と聞くほうが子どもには答えやすい。料理なら596の本から，栽培の本なら626，トマト加工品なら628の本を手渡せば，情報そのものの提供となる。5類か6類の棚に行ってごらんと案内すれば，利用指導になる。その際，いっしょに棚に行って自主

的に選ぶのを損なわないようアドバイスできればなおよい。質問者の年齢と読解力を考えれば，より丁寧な対応となる。どの回答を優先し，どこまで案内するかは，質問者の年齢や読解力，教員の課題の出し方にもよるので，その時々にふさわしい対応を考えて行う。

　レファレンスの内容を記録してストックしていくと，それがそのままレファレンス・ツールになる。

4　教職員への情報サービス

（1）教職員の質問の内容

　教員の学校図書館への質問・相談は授業の構想が固まってからか，授業の構想あるいは計画中にされるかの2つのケースがある。

①所在の確認：「○○はあるか」

　　具体的に入手したい情報が定まっている場合。

②情報の収集と提供：「○○に関する資料を集めてほしい」

　　授業の構想が固まってから依頼される資料群への対応。自校資料が不足の場合は図書館のネットワークで資料を集める。授業の設定時間やねらいにもよるが，常に事前に資料をそろえてしまうことは，子どもたち自身の検索機会を奪い，資料選択の幅も狭めてしまうこともあることは意識しておきたい。（パスファインダーにも同様のことがいえる。）

③授業での資料紹介

　　「子どもたちに基本あるいは参考となる○○の本を紹介してほしい」

　　授業構想が決まってからの依頼。子どもたちが調べる上で，ポイントとなる資料や代表作などを学校図書館員が授業中に一斉あるいはグループや個別に紹介をする。全体へ動機づけのブックトークを行うこともある。授業のねらいをよく聞き取って案内する。場合によっては授業内のティーム・ティーチングを頼まれる場合もある。

④教材研究の情報紹介

まだ授業構想が固まっていない計画段階で「○○に関する資料，授業
　内で子どもが活用できる資料はないか？」と相談されるケース。資料の
　特徴・特性を教員に詳しく伝えることによって，それらの資料を活かし
　た授業づくりを支援する。また授業方法や展開をともに考えることがで
　き，よりよい授業づくり支援することになる。

　学校図書館の資料と学校のカリキュラムに精通した司書教諭や学校司書
と，授業を行う質問者との間にコミュニケーションや信頼関係が成立してい
れば，事前相談や授業参加のケースは増えていく。

（2）授業をする教員と図書館とのコミュニケーションの度合い

　学校図書館での調べる学習を展開する際の，授業を行う教員と図書館との
コミュニケーションの度合いについて，以下の5点があげられる^(注5)。

　①図書館に予告なく，課題を出された子どもたちがやってきて，子どもた
　　ちからの聞き取りで，その授業の課題を知る。
　②子どもたちへの課題通知が教員から図書館に一方的にもたらされる（実
　　施までに，準備ができれば③になる）。
　③子どもたちの活動の前に教員から図書館に課題通知と相談があり，必要
　　な準備（資料の存在・質・量の確認，取り出し，利用ルールの決定，ス
　　タッフへの周知徹底）をしてから実施される。
　④子どもたちにあるテーマで課題を出そうという漠然とした構想の段階で
　　教員から図書館に相談があり，ともに使える資料と子どもたちの調査研
　　究の進め方，授業の展開を相談してから実施する。
　⑤調査研究活動の教育とおおよそ定まっている段階の単元を，どう組み合
　　わせて具体的なカリキュラムにするかを，関係する教員（図書館，教科
　　とくに情報科や情報教育担当者，学年）で検討し，年間計画を立てて実
　　施する。

　学校全体の体制に関わる⑤の段階にいける学校図書館はまだ一部に過ぎない。教員全体の図書館の理解と利用のスキルアップの向上を目指して，さまざまな図書館活動と情報サービスの展開が可能な学校図書館の環境整備と充実を図っていく必要がある。

　授業で学校図書館を利用した事例はすなわち学校図書館の情報サービス事例でもあり，記録して（図表９－４）公開されるとよい。先にあげた東京学芸大学の「先生のための授業に役立つ学校図書館活用データベース」と鳥取県立図書館のホームページの学校図書館支援センター内にもあがっている。そのような事例がまた次の図書館を使った授業のアイデアとなっていくのである。

（中山美由紀）

〈注〉

（注１）山本順一監修・山口真也・千錫烈・望月道浩『講座・図書館情報学⑥　情報サービス論』ミネルヴァ書房　2018 年　p.204-205

（注２）堀川照代・塩谷京子『改訂新版　学習指導と学校図書館』放送大学教育振興会　2016 年　p.271-272

（注３）浅野高史・神奈川レファレンス探検隊『図書館のプロが教える〈調べるコツ〉』柏書房　2006 年　p.270-281

（注４）全国学校図書館協議会「新学校図書館学」編集『学習指導と学校図書館』（新学校図書館学３）　全国学校図書館協議会　2000 年　p.93

（注５）青山比呂乃「学習・情報センターにおける学習支援サービスのあり方」『学校図書館メディアセンター論の構築に向けて：学校図書館の理論と実践』勉誠出版　2005 年　p.103 を一部改変

図表9－4　レファレンス記録例

レファレンス　記入例	
管理 No.	1200032
校種 / 学校名	小学校 / 東京学芸大学附属小金井小学校
受付年月日	2009.9.2
件名	土木　/　歴史＞日本＞江戸時代
学習キーワード	浄水場　飲料水　地域学習　玉川上水
質問者	教員4年担任
動機・目的	教材研究
教科・領域	社会科
質問内容	玉川上水について、子どもが読める基本資料はないか
回答	『改訂新版　玉川上水　その歴史と役割』羽村市郷土博物館編　羽村市教育委員会　2004（所蔵）／『楽しく調べる東京の歴史－東京の歴史・人物・文化遺産－』東京都小学校社会科研究会編著　日本標準　2007（所蔵）／『郷土学習資料　玉川上水』三鷹市教育センター http://www.education.ne.jp/kyoiku-center-mi/tamagawa/index.htm　　アクセス確認日　2009.9.2
備考	
省略例	
質問者 / 受付日	児童5年生　/　2009.9.2
動機・目的	山のフィールドワークの下調べ
教科・領域	総合学習
質問内容	変形菌についての子ども向きの本がほしい
回答	『変形菌な人びと』（月刊　たくさんのふしぎ）越智典子文・伊沢正名写真　福音館書店　2003年6月号（未所蔵／　国分寺・小平・武蔵野市立図書館所蔵）

第Ⅹ章

発達・情報ニーズに応じた学校図書館メディアの選択

1　発達ニーズに応じた学校図書館メディアの選択（1）小学校─自己と他者，社会の発見

（1）小学校図書館における子どもの発達─語彙の獲得と読書の習慣化

　1年生の春にひらがな五十音を習った小学生が6年生ともなると，三島由紀夫や司馬遼太郎を入れてほしいとリクエストしにやってくる。小学校6年間の成長に合わせたコレクションは，実は幅広い。児童向けにやさしく書かれたメディアから一般向けまで，読む力の発達や教育課程の展開に対応する情報ニーズを考えて選んでいくことになる。

　低学年は読み書きのリテラシーの育成を考える時期である。絵と文章でやさしく読める絵本と，耳からの読書ともいえる読み聞かせをしてもらって，ストーリーを楽しみ，語彙を増やす。やがて，文字情報だけでも楽しめるようになる中学年向けのメディアも豊富にして，「読み聞かせから黙読へ」の移行を図りたい。

　中学年から高学年にかけては興味も多様化し，抽象的な語彙や概念を理解し始める。ページをめくるとともに物語の時間が流れ，論理が展開していく。これは日々の学習に加えて，継続的な読書において培われる。

　小学校図書館のコレクションが低学年・中学年向けのやさしい読み物で終始せず，YA向けや一般書も目配りして，多様な幅広い分野の読書ができるようにし，疑問に思ったことは自分で調べることができるレファレンス・コレクションを揃えるなど，高学年への対応にも心を配りたい。

（2）コレクションのジャンル別観点

①絵本

絵と文がそれぞれに評価され，バランスよくあわさっていて一気にストーリーが進むものがよい。低学年児童には読み切る満足感を与える。昔話，伝説・神話，創作のほか，科学・知識のノンフィクション絵本がある。ルポルタージュを扱った写真絵本や伝記絵本もあり，知識を広げる中学年・高学年にも向いている。ノンフィクションは，正確な事実が伝わる絵や文章表現か，巻末に解説，年表，索引がついているかをチェックする。

ほかに，詩やわらべうた・ことばあそびの絵本，外国語の絵本で，ことばを楽しむ。特別なニーズにも対応する点字絵本，さわる絵本，ピクトグラム絵本，仕掛け絵本，布絵本がある。

②読み物（物語，文学）

低学年対象の幼年童話は文章でストーリーが展開していくようになるが，挿絵が理解を助ける。日常から出発して空想の世界が展開したり，動物が主人公になって人のことばを話しても受け入れられる。中学年になると個性的な主人公が魅力となって，子どもの経験をひろげるように一気に物語を進める。「そのあとどうなるの」と子どもの心をつかみ，一人読みの習慣を定着させていくような作品群をそろえたい。高学年になると主人公と一体化しつつ，因果関係や伏線にも気づいて複雑なストーリーも楽しみ，困難を体験してつかめる幸福や愛情，希望を味わえるようになる。宮沢賢治，新美南吉は小学校では教材としてとりあげられる作家とおさえておきたい。

子どもが興味をもつテーマか，魅力的かつ納得できる展開か，共感できる主人公が納得のいく成長や変化を見せているか，作品にあった文章かなどが評価基準としてあげられる。

③読み物（昔話・伝承文学・神話）

日本の神話は小学校低学年の国語で採用されており，絵本と読み物の出版が相次いでいる。絵本のほかにも用意したい。昔話は児童の読み物のほか，読み聞かせやストーリー・テリングのテキストとして用意する。方言そのま

まの語りが CD に入って付録になっているものもある。世界の神話は海外が意識される中学年・高学年以上を対象として考えてよい。ギリシャ神話，聖書物語は多くの芸術にも影響を与えており，教養としてそろえたい。

④古典・文学全集

　高学年対象として，世界文学全集と日本文学全集と日本古典文学全集，可能ならば日本文化の礎である中国古典を意識したい。漢詩や西遊記，三国志などは，世界文学全集や岩波少年文庫にも入っている。絵本や現代作家がリライトしている作品もあり，横山光輝のマンガ『三国志』などで概要をつかむのも認めるようにしたい。マンガを読むにも力が必要な時代となった。『論語』や『孫子』の児童向け解説も出ている。四字熟語やその語源を紹介するものは学習として必要である。

⑤詩・わらべうた・ことばあそびうた

　絵と挿絵のバランスのよいもの，リズムやテンポがあって声に出して楽しいものを選びたい。教科書掲載の詩人の詩集は必置である。

⑥俳句・川柳・短歌・百人一首・かるた

　作品集とその解説や事典，写真を使って季語を紹介する歳時記，児童が作句・作歌するための案内，かるたの現物などが必要となる。

⑦科学あそび，科学実験，科学読み物

　普段の生活の中で見つけたり体験したりする自然界のふしぎを解き明かしてくれる絵本，写真絵本が多い。挿絵が豊富な読み物，実験の解説などジャンルも対象年齢も広がり，科学の目と思考を養ってくれる。

⑧伝記

　小学校読書生活のまとめとして国語で伝記が採用されている。最近は人物調べに対応して見開きで一話題，マンガ画面を挿入したものなどがあり，資料集のようなものが目立つ。人物事典を１セットは用意する。ストーリーで理解できるのは，従来からある学習マンガと伝記絵本という傾向にある。読み物としての伝記は小学校のシリーズでの刊行はされなくなり，たまに単行本で児童向けに出版されることもあるので目配りしたい。

⑨紙芝居

昔話や絵本のリライトや，写真を使って動植物を紹介する科学もの，歯磨きしよう！や栄養のはなし，交通安全，図書館利用などの学校内外の生活を指導するものもある。子どもたちが自分の作品をつくるときの参考にもなる。

⑩新聞・雑誌

　小学生向け新聞のほかに一般紙もみられるとよい。毎月出るニュース誌の『News がわかる』（毎日新聞社），『ジュニアアエラ』（朝日新聞社），ほかに『月刊たくさんのふしぎ』（福音館書店），『子供の科学』（誠文堂新光社）があげられる。児童には文章は難しく中高生向きだがビジュアルで刺激をくれる『Newton』（ニュートンプレス）をわざわざ選ぶ小学校もある。目次のコピーを取ってファイルしておくと利用しやすくなる。

2　発達ニーズに応じた学校図書館メディアの選択（2）中学校・高等学校──個の確立と社会への参加

（1）中学校・高等学校図書館における子どもの発達

　中学生・高校生（以下「中高生」）はおとなから独立して個を確立しようとする時期であり，精神的には不安定な思春期である。シェル・シルバースタインの『ぼくを探しに』（倉橋由美子訳　講談社　1979 年）や谷川俊太郎の絵本『わたし』（福音館書店　1981 年）を 1980 年代に高等学校の教室で読み聞かせした時の反応は，その後小学校で読み聞かせした時には感じられないフィット感があった。自分は何者であるか，これから何に向かっていくのかを探っているといってもよい。

　読みやすいライトノベルス（表紙や挿絵にアニメ調のイラストを多用している若者の向けの軽小説）は中高生の孤独感と不安感に寄り添うのかもしれない。しかし，じっくり読書することで，これからを考え成長していくための本との出会いもまた必要である。学習活動とも連動させ，自己の生き方と社会とのかかわり方を考える読書生活を支援する。生徒の興味関心の幅は広く，読む力も読む習慣もそれぞれなので，図書館資料も幅広い分野でのさま

ざまなグレードの資料収集をする。一斉読書に加え，生徒同士が本を紹介し合う「ビブリオバトル」は全国に広がっている。「おすすめブックリスト」や館内の展示・掲示・お便りは，生徒の学習活動や探究活動とも連動させ，ものの見方や考え方の多様さに気づき，多角的な視点がもてるよう支援する。「卒論」を探究学習の成果として課す学校も多くなってきた。レファレンス・コレクションもネット環境とオンラインデータベースとともに，学校の特徴にあわせて専門的なものをそろえていくようにしたい。

（2）コレクションのジャンル別観点

　年齢に関係なく共通する観点は先の小学校の方であげたものを参照されたい。ここでは，中学校・高等学校の観点のみを扱う。

①絵本

　外国語の習得・多文化に触れる洋書絵本，歴史的・文化的背景の理解があってこそ楽しめる伝承文学や古典の入門として活用できる絵本，ルポルタージュを扱った写真絵本をそろえたい。職業体験や異年齢交流として読み聞かせに使うこともある幼児・児童向けの絵本もあるとよい。生徒自身の懐かしさと情緒の安定にもつながる。

　古典・芸術分野の絵本として，「橋本治・岡田嘉夫の歌舞伎絵巻5巻」（ポプラ社　2003年）や姉妹編の『四谷怪談』（さねとうあきら文　岡田嘉夫絵　ポプラ社　2005年）があげられる。忠臣蔵や義経千本桜など名前は聞くが実は知らないという作品を美しい絵と文章で知ることができる。

　ルポルタージュを扱った写真絵本には，阪神・淡路大震災の被災者である美佐子さんの避難後の生き方を追った『てつびん物語』（奥野安彦写真　土方正志文　偕成社　2004年）や，児童書で扱うことがタブーであった「死」を取り上げたシリーズ「いのちつぐ　みとりびと　12巻」（國森康弘　農山魚村文化協会　2012〜2017年）は，超高齢化社会に突入した日本が向き合うべき老後と死，見取りと家族のあり方を問うている。

②文学

　名作・古典はそろえる。これらをあえて廉価な文庫で買って身近にと配慮

するケースもある。教科書で取り上げる作家の作品は収集する。さまざまな文学賞があるが質の部分で参考にしたい。

　ライトノベルはリクエストにすべて応える必要はない。生徒はどこまで応えてくれるのかと大人を試しているところもあるので，逆にどこまでなら後輩に残す学校図書館の蔵書としてふさわしいかを，生徒自身に考えてもらうとよい。小説を読んだ後から映画やドラマを見るという順番が，今は逆転してきた。書店員が決める「本屋大賞」の現代作家の作品は読みやすくて読み応えのあるラインナップで中高生にも評判がいいが，さらに深く自己と対峙する作品にも出会わせたい。サトクリフの『太陽の戦士』（岩波書店　1968年）やトンケ・ドラフトの『王への手紙』（岩波書店　1962年）は，成人の儀式に対して葛藤する主人公が描かれ，成長していく話である。空襲の後独りぼっちになった少年を描く『海辺の王国』（ロバート・ウェストール　徳間書店　1994年），台頭するナチスによって分裂させられていく家族の中で生きる少年を描く『ベルリン１９３３』（クラウス・コルドン　岩波書店　2020年），親元を離れて中立国スウェーデンに疎開した姉妹の成長を描く『海の島』を1巻とする「ステフィとネッリの物語」4部作（アニカ・トール　新宿書店　2006年）など，第二次世界大戦を舞台に歴史や社会に生きる子どもの姿を浮き彫りにしている。子どもの自立をうながす読み応えのある作品も選んでおきたい。

③ノンフィクション

　1）伝記・日記

　伝記は人物調べの課題の時でも，まずはストーリーとしてまるごとその人の歩んだ人生を社会評価とともに読み切ることができる作品が必要である。時代も社会背景も理解したい。巻末に年譜があるなど正確さが要求される。筑摩書房の「ポルトレ」は生き方と進路を考える上で大事な10代の子どもたちに向けて編まれた評伝シリーズである。サッチャーやココ・シャネル，岡本太郎，安藤百福，黒澤明，ジョブズ，マータイなど，比較的新しい人々を取り上げ，時代背景や文化をもあわせて読み取るようにしている。

　かつては複数の教科書にも取り上げられていたアンネ・フランクの『アン

ネの日記』は存在感が薄れつつある。ナチスの迫害から身を隠し，２年間の隠れ家生活を過ごす中で恋や親との葛藤が描かれ，10代の少女の内面を浮き彫りにした世界的ロングセラーで，これからも必置したい。[注1]

　平凡社から 2015 年刊行された随筆シリーズ「STANDARD BOOKS」は，科学と文学の双方を行き来する著者を１人１作品で紹介する。寺田虎彦に始まり，数学者の岡潔，野尻抱影，中谷宇吉郎，牧野富太郎，串田孫一，稲垣足穂と続き，既刊 24 冊（2020 年５月３日確認）になっている。論理的な思考に触れて，自らの考えるきっかけとなるだろう。著者に興味をもったら，手に取ればよい本も紹介している。

　２）記録・ルポルタージュ・手記・随筆

　社会問題や時事問題を取材して報告してくれるルポルタージュは事実の正確さとともに，書き手の伝えたいこと，視点・まなざしが一貫して底を流れている。社会とのかかわりを考えるこれらのコレクションは時として中高生には強く響く。戦争，暴力，差別，闘病，障がい，人権，LGBT などのテーマとの出会い，自己を対峙させて考える機会となるコレクションつくる。国連サミットで 2015 年に採択された持続可能な開発のための 2030 アジェンダ「SDGs」にも通じるコレクション群となる。

　３）理科読・科学実験から STEAM へ

　『理科読をはじめよう』（岩波書店　2010 年）は，子どもと科学の本をともに楽しむ「ガリレオ工房」の滝川洋二ほか 12 名が執筆する全国各地で行ってきた実践・体験をまとめて科学の本を楽しむことをすすめる。

　東京応化科学技術振興財団が理科好きの若者を増やそうと教員と研究者でつくった「ヤングサイエンス選書」というシリーズがある。中高生向けに実験と工作，身近な自然と材料での遊び，教員実践を紹介している。その中の１冊『子どもと読みたい科学の本棚』（藤嶋昭・菱沼光代　東京書籍　2013 年）には，『素数ゼミの謎』（吉村仁　文藝春秋　2005 年），『世界のたね　真理を追い求める科学の物語』（アイリック・ニュート　NHK 出版　1999 年），『パワーズ　オブ　テン　宇宙・人間・素粒子をめぐる大きさの旅』（フィリップ・モリソン他　日経サイエンス社　1983 年）があげられている。自然科学の

本ではないが，インドのネール首相が獄中から娘に送った196通の手紙から
なる『父が子に語る世界歴史　新版』全8巻（ネール　大山聰訳　みすず書
房　2002年）も著者の愛読書として紹介されている。

　新書版サイズには1963年創刊の講談社の「ブルーバックス」があり，
2006年にSBクリエイティブの「サイエンス・アイ新書」が創刊された。近年，
Science（科学），Technology（技術），Engineering（ものづくり），Art（芸術），
Mathematics（数学）の頭文字をとったSTEAM教育（AのないSTEM教
育としても普及している）(注2)に注目が集まっている。テクノロジーやプロ
グラミング関係の情報はもちろん，機器類やソフトもそろえ，得た情報で考
え創造するメイカースペースが図書館内に設置されることも考えたい。

　2017年11月，理化学研究所は書籍を通じて「科学者の生き方考え方」や「科
学の面白さ素晴らしさ」を子どもたちに届けようと，それぞれ6ステージか
ら案内する『科学道100』『科学道ジュニア100』のブックリストを発表し，
毎年改訂しながら普及を図っている。

④アート・スポーツ・写真集

　表現された作品，記録されたものとして収集する。作品を読みこなすリテ
ラシー，フォトリテラシーも養われる。美術作品は美術館の公式サイトで公
開になっているものも多くなってきた。ピューリッツアー賞写真部門の作品
に代表されるような報道写真や記録写真集は社会や歴史を知るコレクション
として揃えたい。

⑤雑誌・新聞

　新聞は一般紙を比較のために複数置く。新聞縮刷版は新聞データベースに
切りかえて，過去記事へのアクセスを可能にする。雑誌は，時事，科学以外
にもスポーツ，アート，音楽，映画，アニメ，コンピュータ，テクノロジー，
鉄道，囲碁・将棋，料理など文化的ひろがりやどのようなトレンドが必要か
を生徒の実態，学校の教育の特色から考える。

⑥ゲーム

　「伝統ゲーム」として，かるた，百人一首，囲碁・将棋，トランプ，チェ
スなどがあげられる。ほかに，ボードやカードを用いた「ボードゲーム」，

複数のプレーヤーがテーブルを囲んでルールブックと呼ばれる本を用いて遊ぶ「TRPG（テーブルトークロールプレイングゲーム）」などがある。

　教材・文化伝承として必要なもの，思考力鍛えるもの，人との交流の仲立ちをしてくれるものがあり，純粋に楽しむためだけでなく，ソーシャルスキルトレーニングにもなりうると，図書館カフェを通して実践するところもある。これらのゲームも図書館メディアとして考えていく。

3　情報ニーズに応じた学校図書館メディアの選択

（1）情報要求とレファレンス・コレクション

　さまざまな情報要求に応えるためには，レファレンスブック（参考図書またはレファレンス資料）をそろえることが基本となる。レンファレンスブックは調べるための本であり，要求する情報が載っている一部分を参照するための資料で，通読の必要はない。求める情報そのものがある「辞典・事典類」と調べるための本を探す本「書誌・索引類」とに分けられる。インターネット情報源も登場しており，新聞記事データベースのほか50種類を超える百科事典や辞典，専門事典，叢書などを収録したオンラインデータベース「ジャパンナレッジ」は，高等学校図書館でも導入しているところもある。ここでは，冊子体のレファレンスブックの辞典・事典類を中心に説明をしていく。

①ことばや文字を調べる――辞典^{（注3）}
　1）普通語を調べるのは国語辞典。小学生向けは学習国語辞典がある。
　単体なのは『広辞苑』（第七版　岩波書店　2018年），『大辞林』（第三版　三省堂　2006年　ウェブ版同時利用可），最大規模は『日本国語大辞典』（全13巻　第二版　小学館　2002年　ジャパンナレッジにて更新）。
　2）文字を調べる漢和辞書。小学校向けは漢字辞典。
　『大漢語林』（大修館書店　1992年），『講談社新大字典』（講談社　1993年），『字通』（普及版　平凡社　2014年）。最大規模は『大漢和辞典』（全15

巻　大修館書店　2000年　デジタル版2018年）で，2021年春にはジャパンナレッジに搭載された。

　３）新語を調べる新語辞典。

　『現代用語の基礎知識　2019年版』『現代用語の基礎知識　14歳からの基礎知識　学習版2018-2019』（自由国民社　2018年　ジャパンナレッジにも収録）。かつて冊子体だった『イミダス』（集英社）と『知恵蔵』（朝日新聞社）は2006年で休刊，現在はそれぞれジャパンナレッジ，朝日新聞記事データベース「聞蔵Ⅱ」内のコンテンツとして使うことができる。

　４）その他のことばを調べる

　古語辞典，外来語辞典，語源事典，類語辞典，方言辞典，ことわざ辞典，熟語事典など特殊語の辞典，専門用語の辞典などを利用にあわせてそろえる。

②ことがらを調べる――百科事典・専門事典と図鑑

　ことばを調べるレファレンスブックを辞典（ことばてん）といい，ことがらを調べるレファレンスブックは事典（ことてん）という。同じ「じてん」という発音から，あえて区別するときに「ことばてん」「ことてん」と使うことがある。なお，文字を解説しているものは「字典」である。

　１）ことがらを調べる――百科事典・専門事典

　百科事典は『総合百科事典ポプラディア』（第3版　ポプラ社　2021年）が小学3年生以上を対象としていて，学校・公共図書館でも広く普及している。オンライン百科事典「ポプラディアネット」もあり，「ポプラディアワールド」というサイト（注4）で冊子体・オンライン双方の利用指導の教材も提供している。小学校には『キッズジャポニカ新版：小学大百科事典』（小学館　2013年）などの1冊完結の百科事典もあると合わせて比較できてよい。一般向けの冊子体の百科事典の一組は残して，発行年に注意しつつ利用したい。百科事典の構造，索引巻の使い方などを教えると今後の調べ学習をするのに役立つ。冊子体の『日本大百科全書』（第2版　小学館1994-97年　ジャパンナレッジにて更新）はあれば残しておきたい。ビジュアルが豊富で児童・生徒にもわかりやすい。

　専門事典はそれぞれの分野のことがらを調べる時に使う。体系的ではある

が図や表，実例などを豊富に実用的にわかりやすくまとめてあるものが便覧とハンドブックである。

　大学図書館を見学した小学生たちが，音楽会で練習している作曲家について専門事典で調べる機会を得たことがある。『ニューグローヴ世界音楽大事典』（講談社　1994 年）は合計 23 冊もある。音楽家と作品について詳しい専門事典の存在を知り，自ら手にして，その他の専門事典や専門雑誌にも興味を示した。校外の専門的な情報環境を知る機会を設けることだけでも「調べる」ことに対する意識づけができる。

　２）どんなものがあるのか，形態や構造が視覚的に知りたい──図鑑

　図鑑は絵や写真・図を主体として分類され，解説が施され，索引がつくものである。色や形など，視覚的に理解ができる。小学校中学年から使えるスタンダードなもののほかに一般向け，幼児向け，ポケット版など多様に出版されているので，学校の実態に合わせてそろえたい。小学館 NEO や学研 LIVE は DVD をつけ，さらに学研 LIVE はスマートフォンで動画や 3DCG の映像を見ることができるようになっている。ポプラ社も新たに『ポプラディア大図鑑 WONDA』を出版している。

③人物を調べる──人物事典・人名事典

　『コンサイス日本人名辞典』（第 5 版　三省堂　2008 年）は，一般向けだが架空伝承・作中人物も含めて 15,000 名を収録。『教科書に載った世界史人物 800 人─知っておきたい伝記・評伝』（日外アソシエーツ　2019 年）は高校世界史の教科書から人物 800 人をピックアップした伝記案内。小学生から使える『ポプラディアプラス人物事典　全 5 巻』（ポプラ社　2017 年）は 4,300 人以上を取り上げる。

④歴史や日時，「いつ」を調べる──歴史事典・年表

　歴史事典は一般史事典と専門史事典があり，前者の代表の『国史大辞典』（吉川弘文館）は 17 冊もあるので，学校図書館で置くところは多くはないが，小学校から含めて何らかのレファレンスブックはそろえておきたい。専門史は例えば「文学史」など主題を限定したものがある。「事物起源・年中行事」の事典も「いつ」を手がかりとするレファレンスブックと考える。年表は事

項を年代順に配列して一覧できるようにしたものだが，レファレンスブックとしては索引がつくなど，ことがらと年代・年号が結びつく仕組みをもっているものを対象とする。歴史地図帳も対象である。

⑤地理や地名，「どこ」を調べる——地名事典・地図・旅行ガイド

　総合的に日本地理，世界地理を扱うものはほしいが，小学生でも読めるものとして『図説学習日本の地理』（最新統計資料版　旺文社　1998 年）以降は，ポプラ社のポプラディア情報館『都道府県別日本地理　6 巻』（2010 年）がある。地名には難読もあり，地理事典内に付録になっているものもあるが，独立した「地名よみかた辞典」もある。地図は各国の事情も変わり，国内も町村合併があり，高価な地図帳を維持できなくなって，毎年ムック版で日本地図や世界地図が出版されるようになった。各社その年の特集やデータがつく。地図はインターネット上でもアクセスしやすくなっている。

⑥数字・数値を調べる——年鑑・統計資料

　1 年に 1 回出る統計資料と年鑑はそろえたい。もともとのデータにあたれる力があれば，加工されたデータや情報の確かさを見抜くことができるようになる。『日本国勢図会』とその子ども版『日本のすがた』や，都道府県の統計『県勢』，世界の統計『世界国勢図会』（以上すべて　矢野恒太記念会），『データブック　オブ・ザ・ワールドブック　世界各国要覧と最新統計』（二宮書店）などがある。ウェブサイトでは「総務省統計局」（https://www.stat.go.jp/［2020 年 5 月 3 日現在参照可］）があり，その中に小中学生向けに「キッズすたっと」がある。

　子ども版はないが，自然科学のあらゆる分野のデータを集めた『理科年表』（国立天文台編　丸善　1925 年—）がある。会員制ウェブサイト「理科年表プレミアム」も 1 年契約で創刊号から現在まで全データを見ることができるようになっている。日の出入りの時刻から地震・火災のデータ，世界各地の平均気温や降水量，日食や流星群の予定など科学のさまざまなことがわかる。

　年鑑はあらゆる分野，あるいは特別な分野の事項について，1 年間の動向を統計や図表，写真などでまとめている。次のような年鑑が出ている。『朝日ジュニア学習年鑑』（朝日新聞社），『調べる学習子ども年鑑』（岩崎書店），『ス

ポーツ年鑑』（ポプラ社），『日本地理データ年鑑』（小峰書店），『ニュース年鑑』（ポプラ社）

⑦新聞記事を調べる――新聞データベース

　新聞の記事１月分が１冊にまとめられる新聞縮刷版から，インターネットで使える有料データベースに移行している。朝日新聞社の「朝日けんさくくん」や読売新聞社の「スクールヨミダス」である。学校でのタブレット端末導入も広がっており，新聞記事検索とその読み取り（５Ｗ１Ｈ）がスキルとして身につくようにしたい。

⑧パンフレット・リーフレット・ファイル資料

　パンフレット・リーフレットは　教育課程に対応して収集する。児童・生徒の見学先・修学旅行のものや，進路の手がかりになるキャリア系・進学系のもの，博物館・美術館・郷土資料館のものを集めたい。ファイル資料はあらかじめいくつかのテーマを決めて，新聞を切り抜いて作成する。

　探究のカリキュラムがあれば幅広くということになるが，児童・生徒の動向から主題の優先順位は決まってくる。最近はインターネット上にパンフレットのPDFを公開しているところも多いので，リンク集にしていくことも考えられる。切り抜きなどのファイル資料のデジタル化も考えられる。

（２）学校教育としてのニーズ

①自校記録

　学校の記念誌・紀要・文集など，他では手に入らない情報の保存と校内保存の場所も明記してリスト化をしておく。可能なものは児童・生徒に公開する。

②施設見学・職場訪問・修学旅行

　事前と事後の学習に情報提供する。訪問する施設の役割や機能，歴史的文化的価値などがわかるよう，施設案内・観光案内や郷土資料としてのパンフレットやリーフレットはもちろん，その土地の風土や歴史・文化がわかる資料群をつくる。

③クラブ・委員会活動・文化祭・音楽会

　児童・生徒の常時活動と行事活動。それぞれの自主的な活動が進められる

よう，幅広いコレクションが必要。自校の活動記録も保存したい。

④進路

校内の進路相談部にある資料一式は図書館内でも見られるようにしておくと，生徒が本格的に相談する手前のアプローチになる。進路相談の親子面接を学校図書館内で実施しているところもある。職場訪問の際にもらえた資料を，次の職場訪問あるいは就職相談のためにそろえておく。大学や専門学校など進学や留学のための案内や要項も集める。卒業生の声などは進路相談の教員と協働して自作資料を作るのもよい。

⑤授業「準備資料」

教員に対して，すでに教材の決まっている段階では，校内外から資料を手配して教材として提供する。まだ授業の構想の段階であれば，教材の候補をインタビューしながら提案する。児童・生徒に対してブックトークをする，資料案内をつくる，利用指導をするなどの活動提案をすることもできる。

あらかじめできることとして，教科書や指導書に案内されている資料は図書館に用意し，ウェブサイト上の情報はリンク集をつくっておく。校内共通の思考ツールやワークシートがあれば印刷して準備しておく。

以上，冊子体の図書を中心に選択の観点をあげた。

学校図書館のコレクションは，その学校がどのような教育を行うのか，教育理念や方針にしたがって選択される。まずは校内の情報メディアの現状把握をして足りない分野や強化したい分野を決める。学びつつ成長する子どもの発達も考え，潜在的なニーズにも応えるようにする。基本は，学校図書館法第2条の「学校の教育課程の展開に寄与」し，「児童又は生徒の健全な教養を育成する」という「目的」を達成するものでなければならない。探究を含む読書活動と情報リテラシーの育成を支える学習の基盤となる。内容，形態（書籍だけではない），数量，保管や管理方法などの視点でも考えたい。

（中山美由紀）

〈注〉

（注１）オランダアムステルダムのアンネの隠れ家が「アンネ・フランク・ハウス」
　　　という博物館になっているが，アンネの生涯とその後の資料を出版し，日本語
　　　にも翻訳された。

（注２）STEAM 教育については，本書 p.139 も参照のこと。

（注３）三省堂では 2019 年 11 月発売の小学生向け辞典の最新改訂版『三省堂 例
　　　解小学国語辞典 第七版』『三省堂 例解小学漢字辞典 第六版』に，国内初，「Ｕ
　　　Ｄデジタル教科書体」を見出しの書体に採用した。これまで，ゴシック体見出
　　　しは視認性が高いという評価があるものの，手書きとの違いや書写の学習で
　　　の懸念があった。モリサワ（株）の開発した「ＵＤデジタル教科書体」は多
　　　様な子どもたちの見え方に配慮された，太さの強弱をおさえつつも，運筆向
　　　きがわかるように工夫された字体である。(https://prtimes.jp/main/html/rd/
　　　p/000000075.000014647.html［2020 年 6 月 21 日現在参照可］)

（注４）「ポプラディアワールド」https://www.poplar.co.jp/schoolLibrary/［2020
　　　年 7 月 30 日現在参照可］

〈参考文献〉

・齊藤誠一『学校図書館で役立つレファレンス・テクニック』（シリーズ学校図書館）
　少年写真新聞社　2018 年

・小田光宏編『学校図書館メディアの構成』（司書教諭テキストシリーズⅡ-2）
　樹村房　2016 年

・遊佐幸枝『学校図書館発　育てます！調べる力・考える力　中学校の実践から』
　少年写真新聞社　2011 年

・井上奈智・高倉暁大・日向良和『図書館とゲーム　イベントから収集へ』（JLA
　図書館実践シリーズ 39）日本図書館協会　2018 年

・アンネ・フランク・ハウス編『アンネのこと、すべて』小林エリカ訳，石岡史子
　日本語版監修　ポプラ社　2018 年

学習指導を支える学校図書館メディアと環境の整備

1 教育課程に対応した学校図書館コレクション

（1）学習に対応する図書館へ

　学校のカリキュラムに対応した「単元別参考図書目録」を作って，教員にも子どもにも提供する営みは，2003年学校図書館大賞を取った山形県鶴岡市立朝暘第一小学校の実践[注1]を通じて全国に広まった。どのような学習内容で，どのような資料が必要かを教科書・指導書も見てリストを作り，足りない資料は購入していくという，情報提供と蔵書構築を同時に行うものであった。

　1978年の『学び方の技術―高校生の図書館利用法』[注2]では，第4章「教科の学習をどうすすめるか」において，それぞれの教科について「1．何を学ぶか」「2．どのように学ぶか」「3．学習に必要な基本資料」の3つの構成から成っていた。学習センターとしての役割を果たそうとしてきたことがわかる。

　学校図書館法第2条にあるとおり「教育課程の展開に寄与する」ことが，学校図書館の目的の1つであり，そのためにはどのように学校図書館のコレクションを収集していくのか，図書館が学習環境として活用されるようにどのように整備していくのかを考えなければならない。そのためには，児童・生徒が学校で何を学び，教員が何をどのように教えているのか，日々の学習の様子や年間のカリキュラム計画を知ることから始まる。

（2）教育課程を知って整備していくコレクション

①基本コレクション

　基本コレクションの整備の目安は「蔵書配分率」[注3]（図表11－1）が示されている。絵本やマンガはそれぞれの主題に分けられているという前提ではあろう。たいがい，9類の文学は文部科学省の平成28年度「学校図書館の現状に関する調査」でも，約35～40％を占め，他の主題のメディアをどのように意識して収集していくかが，現在も課題となっている。

　今後は，電子書籍や有料のオンラインデータベースなど，新しいメディアについての基準づくりも望まれる。

図表11－1　蔵書配分率　　　　　　(%)

	0 総記	1 哲学	2 歴史	3 社会科学	4 自然科学	5 技術	6 産業	7 芸術	8 言語	9 文学	合計
小学校	6	3	16	10	16	6	5	8	5	25	100
中学校	6	5	16	10	15	6	5	8	6	23	100
高等学校	7	7	16	12	14	6	4	8	7	19	100

②教育課程を知る

　まずは学校の1年間のカリキュラム一覧を把握したい。次に子どものもつすべての教科書と教員用の指導書に目を通す。児童・生徒用には巻末おりこみや，特集でたくさんの推薦図書を書影と共に紹介することも多い。教科書・指導書で推薦・紹介されている図書は購入する。各単元の子どもたちの学ぶ内容と学び方をつかんで「学習キーワード」を出し，それらを主題とするメディアを選んでいく。学校の教育の重点や調べることが予測される単元は手厚く選びたい。

図表 11 − 2　　学校図書館の蔵書構築

（横軸：NDC，縦軸：教科領域）

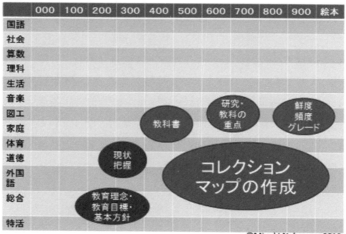

©Miyuki.Nakayama 2019

　メディアの選定・除籍には，各学年代表と各教科代表を入れたメディア選
定委員会で，意見や要望を出してもらうとよい。各教科・領域と NDC を掛
け合わせた表をつくって(注4)，全体のバランスを見ることができる。基本は
複数の同じメディア（複本）は買わない。同じテーマでも情報の比較ができ
るように，違う出版社，違う情報源のメディアを用意しておけば，いろいろ
なものの見方や考え方が養われていく。

　また，メディアの選定に際し，学校内での学習活動と子どもの実態を考え
併せて，以下の 3 点に留意したい。

　・新しい情報が必要な分野か否か……鮮度

　・頻繁によく使われる分野か……頻度

　・入門的内容か深い内容か，子どもの発達に合っているか……グレード

③選定のための情報源

　学校の教育理念，教育目標を意識し，加えて教育研究テーマはコレクショ
ンの重点として厚くしていく。教科書・指導書も大事な選書情報源である。
現状把握をし，コレクションマップを作成してその年の重点を決める。

図表11-3　メディアの選択　情報源

出版情報	学校情報	教育情報	人的情報
・一般書誌	・教育理念	・学習指導要領	・教職員
・選択書誌	・教育目標	・教科書	・児童生徒
・書評	・教育研究	・指導書	・司書
・パンフレット・カタログ		・指導資料	・書店員
・現物		・カリキュラム	
・WEB			

　以下，選定のための情報源である。

【基本図書リスト】

　東京子ども図書館の「児童図書館基本蔵書目録」/『絵本の庭で』(2012年)，『物語の森へ』(2017年)『知識の海へ』(未刊)，『今，この本を子どもの手に』(2015年)

　日本子どもの本研究会／『新・どの本読もうかな？』(小学校全3冊　国土社　2011年，中学校全2冊　金の星社　2014年)

【教科に対応したブックリスト】

　『先生と司書が選んだ調べるための本—小学校社会科で活用できる学校図書館コレクション』鎌田和宏・中山美由紀編著　少年写真新聞社　2008年

　『小学校の理科の授業でつかえるブックリスト　りかぼん　授業で使える理科の本』りかぼん編集委員会編　少年写真新聞社　2012年

　『学校図書館員と英語科教諭のための英語多読実践ガイド—導入のためのブックガイド付』江竜珠緒・村松京子　少年写真新聞社　2018年

④地域資料

　子ども向けの充実した地域資料は多くはないが，地元の郷土資料館や博物

館，公共図書館やその他地元の団体がつくったパンフレットやリーフレット，ウェブサイトにアップされている資料のリンク集なども整備する。

東京都北区立中央図書館発行の児童向け地域資料『北区の歴史はじめの一歩』（2010 年）がある(注5)。地域への親しみと愛着をもってもらおうと北区を 7 区に分け，写真や図版を多くしてわかりやすく解説した地域の歴史入門書である。

子ども向けに作る資料のほかにも，子どもたちの地域学習の成果物が，学校または地元の郷土資料館や図書館，教育委員会の編集・監修により，地元オリジナルの新たな地域資料としてまとめられていくのが理想である。子どもたちにとっても，調べることが発信することにつながる。情報リテラシーを身につけ，社会に貢献する貴重な機会となるはずである。

⑤外国語資料

小学校の外国語学習も始まった。グローバル化に対応する学びと日本語を母語としない子どもに対応する資料も必要である。英語の多読については，スカラスティック社の幼児向けペーパーバック絵本から，オックスフォードブックワームスやペンギンリーダーズの語数他でレベル分けをしているシリーズ，日本でロングセラーの海外絵本の原書や日本の絵本の英語訳本などが考えられる。外国語科教員と協働して整えたい(注6)。そのほか，英語の新聞や雑誌その電子版，英語圏では当たり前になっている電子書籍，データベースも，今後は検討の対象になっていくだろう。

（3）活動に対応して整備していくコレクションと利用指導

教員の「資料を集めてほしい」という要求に対して，未所蔵で評判のよかった資料は購入していくと，次第にコレクションが充実していく。

複本（同じ資料を複数そろえる）要求については，基本は受けない。同じ資料 40 人分よりも，同じテーマの 40 種類の資料群を用意する方が調べる活動としては深くなる。ただし，授業のねらい，方法，頻度によって，複本が必要と認められる場合もあり，複本を買う時は最低限にとどめたい。

授業者とは早くから打ち合わせをする。図書館の対応としては，何もしな

い（児童・生徒自身が選ぶ），展示掲示などで対応する，単元別参考図書目録やパスファインダーを用意しておく，題材にあわせて読み聞かせ・ブックトーク・資料解説をするなどがある。その単元に必要な利用指導はしっかりはじめに行いたい。授業活用をつないでいくことが，コレクションを活かすことになる。

（4）東京学芸大学附属小金井小学校の小３総合「磯観察」

　東京学芸大学附属小金井小学校では，小３の総合的な学習の時間で磯観察を行う。2004 年から図書館の授業支援をはじめ，年を追うごとに重点が変わっていった[注7]。はじめは，資料提供。地元の公共図書館から借りていたものと新規購入で次第に自校コレクションにしていった。次に資料案内。読み聞かせで活動がイメージできるもの，磯の生き物の種類の知識を得られるものを読み，パスファインダーで館内と公共図書館でも資料探しができるようにした。さらに，国語科の年間計画では１か月先だった図鑑の目次と索引の指導を，この単元にあわせて行うことを提案し，学年の教員に了解された。学年貸出にする資料は子どもたち自身で選ぶ。抜ききれなかったものは後から補足する。ここまでの形になるまでに４年かかった。資料を整えるだけではなく，単元の活動にさまざまな図書館サービスが提供される事例である。

　ある期間だけ活躍するというメディアは，すべてを棚に並べる必要はない。一部を残し，単元のひとまとまりをコンテナにしてしまっておく。国語辞典を 40 冊棚にならべている光景を目にすることがあるが，数冊を残して後は 7，8 冊ずつ１つのコンテナに入れて，準備室や書庫に重ねておき，

図表 11 － 4　磯の学習（小３）を支える学校図書館の７つの取り組み（東京学芸大学附属小金井小学校　2004 年～）

いつでも持ち運びできるようにストックしておくとよい。

2　読書活動・探究活動を支援する環境の整備

　探究活動は読書活動と情報リテラシーの育成によって支えられる。多様な読書の営みが，深い探究活動を生み，深い探究が新たな読書の広がりをもたらすというスパイラルな関係といってよい。

（1）さまざまなテーマ・主題に対応するコレクション

①選書の特別分野のブックリスト

　『からだといのちに出会うブックガイド』（健康情報棚プロジェクト +NPO法人からだとこころ発見塾編著　読書工房　2008 年）

　『多文化に出会うブックガイド』（世界とつながる子どもの本棚プロジェクト編　読書工房　2011 年）

　『きみには関係ないことか03 〜 10　戦争と平和を考えるブックリスト』（京都家庭文庫地域文庫連絡会編　かもがわ出版　2011 年）

　『子どもと読みたい科学の本棚』（藤嶋昭・菱沼光代　東京書籍　2013 年）『科学道 100 冊・科学道 100 冊ジュニア』（理化学研究所×編集工学研究所 https://kagakudo100.jp［2020 年 5 月 3 日現在参照可]）

　『これも学習マンガだ！』（http://gakushumanga.jp/［2020 年 5 月 3 日現在参照可]）

　全国書店ネットワーク e-hon が国連サミットで 2015 年に採択された国際目標である SDGs（持続可能な開発目標）の理念と具体的な行動についての 17 のテーマに沿ったブックリストを作成している（https://www1.e-hon. ne.jp/content/cam/2018/sdgs.html?fbclid=IwAR14O98RmOYyWFcu9TjlIu y6VEa5UYATIiA6t8TmJPb7ZRT7JtsaclnsrJk［2019 年 3 月 20 日現在参照可]）。

　また，東京学芸大学学校図書館運営専門委員会の「先生のための授業に役立つ学校図書館活用データベース」には「テーマ別ブックリスト」コンテ

ンツがあり，112 リスト（2020 年 5 月 3 日確認）があがっている（http://
www.u-gakugei.ac.jp/~schoolib/htdocs/?page_id=20 ［2020 年 5 月 3 日現在
参照可］）。

　『なんでも学べる学校図書館をつくる　ブックカタログ＆データ集』（片岡
則夫編著　少年写真新聞社　2013 年／続編　2017 年）は，大阪府の清教学
園で中学生 1,300 人が卒業論文で選んだテーマからデータを分析，マッピン
グとともに作ったブックカタログ。探究型のコレクション作成の参考になる。
②地域のネットワーク・社会教育との連携
　自館での準備では資料が足りないときに，地域の図書館ネットワークで他
校や公共図書館から資料を借りるシステムがあれば活用する。単元が市内一
斉実施の時期をずらすことが可能であれば，多くの資料を調達することがで
きる。図書館のみならず，博物館や郷土資料館，美術館などからの資料や現
物・模型の借用，校内展示の依頼や出前授業を依頼することも可能である。
　図書館・博物館等に次のような学校貸出セットがある。
　・国立国会図書館国際子ども図書館「学校図書館セット貸出し」
　・国立民族学博物館「みんぱっく」
　・国立九州博物館「きゅうぱっく」
　・海外移住資料館（横浜）「いみんトランク」ほか
　学習のためのプログラム提供や実践事例なども公開している場合があり，
地元の社会教育施設を確かめたい。事例は協働して作成して貯めていくとよ
い。

（2）展示掲示で「情報リテラシー」

　一旦書架に入ってしまうと，目立たなくなる本に光を当てて，ときどき面
（表紙）を出し，いろいろな視点で棚から発掘するのが展示掲示である。
　よく知っていることでも，新たな「発見」ができるような働きかけをして，
同じ絵本の和書と洋書を並べておいたり，1 つの原作をもとにどのような絵
本になって出版されているかを見せるだけでも，どの場面を描いているか，
人物背景の描き方，（翻訳の）語・文体，本の大きさ，形など比較すること

ができる。だれもが知っている昔話「ももたろう」の絵本や，クレメント・C・ムーアの "The Night Before Christmas" の翻訳絵本を集めて並べるだけでも「情報の比較」となる。

　もちろん，調べる学習のテーマ展示や調べ方・まとめ方などの方法の展示掲示が有効なのはいうまでもない。

（3）児童・生徒および教職員への図書館オリエンテーション

　児童・生徒への図書館オリエンテーションは，入学時のみではなく毎年，あるいは図書館を使った学習単元のはじめに行う。その学年の活動や情報リテラシーの指導体系をもとにする。

　教職員への図書館オリエンテーションも校務分掌としての学校図書館年間計画の提案時に行う。図書館活用の案内も配布し，調べる学習の予定を年間予定として調整してまとめ，情報リテラシー育成を教職員のみなで行って共通理解を図り，授業での活用を促すようにする。

（4）読書活動は探究的な学習の基礎

　紙媒体であろうと，デジタル情報・インターネット情報であろうと「読む」ことから「情報収集」がはじまる。読書は探究の基礎リテラシーである。

　あるテーマで数冊の本を選んでつながりをつけて紹介する「ブックトーク」は多角的な視点で見つけた情報を取捨選択して，オリジナルな自分の作品をしあげるという点で，探究的な学習と同じプロセスをたどる（図表11－5）。

図表11－5　ブックトークと探究・情報活用のプロセスの比較 (筆者まとめ)

ブックトークプロセス	探究・情報活用プロセス
1．テーマを決める	1．課題を見つける
2．本を集めて読む	2．情報収集・探索
3．取捨選択	3．情報の判断・整理
4．構成を考えてまとめる	4．情報の再構築・まとめ
5．発表する　交流	5．プレゼンテーション・対話
6．ふりかえる	6．ふりかえって，次に生かす

ブックトークの作成は卒論などの探究学習のウォーミングアップになるので，どこかで活動を取り入れたい。

（5）情報活用プロセスを伴走する図書館サービス

　ブックトークでも探究の情報活用でも，学校図書館はプロセスそのものを支援していくことになる。そのためのワークシート，ブックリストやパスファインダーなどは，図書館サービスとして授業者と協働して作成する。

　図表11－6は，2018年全国学校図書館研究発表大会富山大会の分科会において配布された資料であるが，茨城県立水戸第二高等学校の図書館がスタートプログラムにおいて学校司書の勝山万里子氏が準備したワークシート他の一覧である。

　また，東京純心女子中学校の中2音楽「ベートーヴェン・レポート」作成時のサポートワークシートは，生徒たちの情報活用についてスモールステップで丁寧に導いている好例である。東京学芸大学の「先生のための授業に役立つ学校図書館活用データベース」の授業事例に公開されている[注8]。

図表11－6　STARTプログラムの資料一覧

資料番号	資料名	配布先
①	道徳「生き方・あり方」を考える	生徒
②	参考資料リスト	生徒
③	図書館を活用した「道徳」のプログラムについて	職員会議
④	平成25年度道徳STARTプログラム学習計画（25.4.15）	職員会議
⑤	平成29年度「道徳」STARTプログラム	生徒
⑥	先輩の資料　ナイチンゲールについて	生徒
⑦	水戸二高図書館のご案内	生徒
⑧	さまざまな情報メディア（出典：桑田てるみ著『6ステップで学ぶ中学生・高校生のためのスキルワーク』	生徒
⑨	マッピング（出典：桑田てるみ著『6ステップで学ぶ中学生・高校生のためのスキルワーク』	生徒

⑩	自分の興味はどこにある？（NDC マップ：出典：桑田てるみ著『6 ステップで学ぶ中学生・高校生のためのスキルワーク』）	生徒
⑪	水戸二高図書館蔵書検索の仕方	生徒
⑫	情報カード	生徒
⑬	START プログラム資料のヒント（パスファインダー：水戸二高図書館作成）	生徒
⑭	ジャパンナレッジを使おう！	生徒
⑮	スライド作成について	生徒
⑯	参考文献の書き方（図書）	生徒
⑰	参考文献の書き方（インターネット）	生徒
⑱	「道徳」START プログラム：ルーブリック	生徒
⑲	START プログラム相互チェックシート	生徒
⑳	人物を調べるには（パスファインダー：県立図書館作成）	生徒

（茨城県立水戸第二高等学校司書　勝山万里子氏作成）

（6）児童・生徒の作品と教員の授業実践記録のアーカイブ

　子どもたちの調べる活動の成果としてまとめられた作品や成果物も学校図書館のコレクションの対象となる。

　清教学園中学・高等学校は探究学習を通じて作成された生徒作品を蔵書として配架し，活用している。「中2　清教ブックレット」「中3　卒業研究」「高3　卒業論文」「高3　Seikyo Pathfinder」，ほかに中2の総合的な学習の時間に創作した短編小説「すくどノベルズ」があり，貸出の約1.3％を占めたという。2015年から一層の活用を図り「電子図書館すくどデジタル」という愛称で，デジタルアーカイブ化されている[注9]。

　後輩たちにとっては，先行の作品を見ることで作成のプロセスやゴールがイメージしやすくなる。参考文献は次の情報案内となる。また，作品が公開を前提にしていることで，読者を意識した作品の丁寧な仕上げと質の向上につながる。そして，出来上がった作品がまた，後輩たちの目に触れていくのである。この知の循環──「過去の知識への敬意や著作権への理解」を育み，「文化を担う側に立つ」経験を，学校図書館を通して行っているといえる。

　教員の図書館の情報やサービスを使った授業の実践については，児童・生

徒作品とともに，授業者との打ち合わせ，学習指導案，事後の振り返りの記録などもまとめてストックしていきたい。1単元を，事前打ち合わせ，学習指導案，ワークシート，図書館の提供した情報（ブックリスト，パスファインダー等），成果と反省などをまとめて，紙媒体でも，電子媒体でも記録として残したい。

　図書館活用の授業の記録は今後の授業デザインのためにコレクションにする。自館でのコレクションが難しい時には，自治体単位での作成，または東京学芸大学の「先生のための授業に役立つ学校図書館活用データベース」に寄稿するという手段もある。学校を超えて，実践者たちの共有するところになることが望まれる。

　学校のホームページに図書館のコーナーはあるだろうか。館内の写真だけでなく，学校図書館での活動を学習の記録として公開することからはじめるのでもよい。図書館便りのアーカイブという形も考えられる。

（7）ICT・デジタル環境を整える

①デジタル情報が扱える基本環境

　学校図書館でCD，DVDなどのパッケージ系のメディアを使うには，その再生の機器が必要である。音源，映像，動画の情報を得ることができる。また，無線LANとノートブックコンピュータやタブレット端末の設置と配備など，インターネット情報にアクセスできる環境も確保したい。それにより，さまざまなウェブサイト情報にも，有料の新聞記事や百科事典などの参考図書のデータベースにもアクセスできるようになる。また，国内遠方に限らず，海外との交信も可能になる。子どもたちが教室でタブレット端末のアプリを使って学んだり，表現したりできることは，図書館内でもできるようにする。タブレット端末，ノートブックコンピュータ，ホワイトボードや黒板，電子黒板，スクリーンとプロジェクターはいつでも使えるようになっているとよい。個別に学習を進める時と集まって対話的に行う場合とフレキシブルに使えるよう，机と椅子にはキャスターがついているものや，折り畳みができるものにするという選択もある。

学校図書館と ICT 設備をまとめた環境が隣同士にあり，アナログとデジタルの双方の情報にアクセスできるという形でも実現したい。

②オンラインデータベースや電子書籍へのアクセス

　日本の有料データベースに加え，電子書籍の導入も考えたい。すでに海外はもとより，日本の民間の教育機関では教材提供とともに電子書籍による読書とその記録をウェブサイト上で行っている[注10]。多数のタイトルがパッケージになっていて数か月で入れ替え可能という電子書籍のパッケージは日本の学校図書館でも早急に使えるようになりたい。1学級が1度に同じ本を閲覧できるので，学級経営，アニマシオンやブッククラブなど複本を必要とした活動にも有効である。

　今後，グローバル化を考えたときに，英語圏の電子書籍やデータベースも閲覧できるようにしていく対応も考えられる。

③学校図書館のホームページ

　学校図書館の館内の様子，活動紹介，図書館便りの掲載のほかに次のようなコンテンツを掲載する例がある。校外への発信であると同時に，校内での教員・児童・生徒との共通理解を図り，確認していく上で有効である。2）3）に関しては，コンテンツそのものが教材になる。

　1）運営に関する資料として運営方針，選書方針，除籍基準，運営計画
　2）情報活用や探究的な学習のカリキュラム・シラバス
　　　・利用案内：資料・コンテンツ紹介や使い方
　　　・ブックリスト，パスファインダー，リンク集
　　　・情報活用基礎知識：情報カードの使い方，参考文献の書き方など
　　　・ワークシート（常備のものや課題など）
　　　・児童・生徒作品，これまでの授業記録の掲載またはリンク
　3）読書生活を支えるブックリスト
　4）地域情報機関の紹介

④メイカースペースと STEAM 教育

　現在，子どもたちの情報活用は「課題を見つけ，調べ，考え，まとめる」という「まとめ」がゴールのようになっているが，実は「まとめ」はその後

に情報発信するという社会に責任をもつ積極的な表現行為であると子どもたちが自覚できるようにしたい。

　児童・生徒の成果物は，紙芝居，ポスター，プレゼンテーション資料，レポートなどいろいろな形態がある。コンピュータやタブレット端末を使って，画像や表の拡大縮小，ポスターや動画の作成その他デジタルな編集を可能にしたり，3Dプリンターで立体的な作品を作ってみたりと，さまざまな技術へのアクセスを学校で可能にする創造環境が必要となってくる。「メイカースペース」や「ファブ・ラボ」（「ファブ」は，ものづくりを意味するFabricationから取られた）と呼ばれる創造空間は学校図書館が情報活用の一端として考えていきたいところである。

　AI時代を生き抜く力として，経済産業省が推進するSTEAM教育に文部科学省も重点を置いている。STEAMとは，Science（科学），Technology（技術），Engineering（ものづくり），Art（芸術），Mathematics（数学）の5つの単語の頭文字を組み合わせた造語で，これらの領域を重視する教育方針である[注11]。プログラミング教育の推進もこの流れである。理数学的なものの見方・考え方，科学技術を使いこなして社会のために創造していく力を養うというSTEAM教育を学校図書館も推進したい。さまざまな分野が融合して，さまざまな技術とスキルを使って，情報を活用し生み出していくコミュニティスペースとして，捉えることができる。

（8）図書館という主体性を生み出す学習空間

　「図書館の四空間モデル」というものがある。資料提供などこれまでの図書館の役割に加えて，新たな方向性を示したものである。2012年にコペンハーゲン大学の図書館情報学研究者ヨコムスンとラムスンとスコット＝ハンスンが発表したもので，これを基に吉田右子氏が作成したものが図表11－7である[注12]。

　「インスピレーション空間」はわくわくしながら文化的刺激を受けるスペース。「創作（パフォーマティブ）の空間」は館内で受けた文化的刺激を外に

図表 11 − 7　公共図書館の四空間モデル

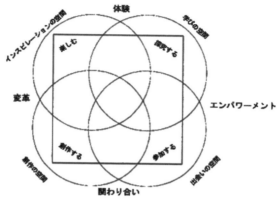

出典：Jochumsen, Henrik et. al. The four spaces - a new model for the public library. New Library World. 2012. vol. 113, no. 11/12. p.589. Figure1

向かって発信するクリエイティブなスペース。「出会い（ミーティング）の空間」は他者と出会うスペース。そして，「学び（ラーニング）の空間」は文化的探求のための自律的な学びのスペースである。」（吉田右子）^{（注13）}。

　この図は「公共図書館の四空間モデル」と題されているが，学校図書館にとっても公共図書館同様に今後の可能性が表現されている。リアルにもバーチャルにも対応できる。学校図書館はこの世の中のさまざまな文化・知識や人に出会えるワクワクの楽しい場であり，空間であり，探究・学びでもワクワクする過程を楽しみ，インスピレーションやアイデアを得て，新たなものを創造・発信していく。「出会う」「学ぶ」「対話する」「発信する」という積極的かつ主体的な行動ができる校内の新しい学習環境として学校図書館を作っていくことができる。

（中山美由紀）

〈注〉

(注1)　山形県鶴岡市立朝暘第一小学校編『学校図書館活用教育ハンドブック　こうすれば子どもが育つ　学校が変わる』国土社　2003年

(注2)　東京都高等学校図書館研究会『学び方の技術』日本書院　1978年

(注3)　全国学校図書館協議会「学校図書館メディア基準」2001年4月

(注4)　鈴木知基「小学校図書館における共同選書の試み」(『図書館雑誌』101(6) 日本図書館協会　2007年6月)

(注5)　保垣孝幸「『北区の歴史はじめの一歩』の刊行とその活用」(東京学芸大学学校図書館運営専門委員会「先生のための授業に役立つ学校図書館活用データベース読書・情報リテラシー」2012年6月)(http://www.u-gakugei.ac.jp/~schoolib/htdocs/index.php?action=pages_view_main&block_id=121&active_action=journal_view_main_detail&post_id=505#_121[2020年5月3日現在参照可])

(注6)　江竜珠緒「学校図書館における英語多読の導入」『学校図書館』(81)　日本図書館協会　2017年7月　p.21-23

(注7)　中山美由紀・野口武悟「授業と読書を支える　学校図書館のあり方を探る—東京学芸大学附属小金井小学校の実践を通して—」『専修大学人文論集』第94巻　p.223-235

(注8)　遊佐幸枝「ベートーヴェン・レポート」東京学芸大学学校図書館運営専門委員会「先生のための授業に役立つ学校図書館活用データベース」2011年5月(http://www.u-gakugei.ac.jp/~schoolib/htdocs/index.php?action=pages_view_main&block_id=26&active_action=multidatabase_view_main_detail&content_id=77&multidatabase_id=1&block_id=26#_26[2020年5月3日現在参照可])

(注9)　片岡則夫「蔵書化・デジタル化した未来への贈り物—清教学園の実践から」『学校図書館』798　全国学校図書館協議会　2017年4月

(注10)　ベネッセの「電子図書館　まなびライブラリ」が進研ゼミ会員限定で供給している(https://library.benesse.ne.jp/member/Login[2020年5月3日現在参照可])

(注11)　中島さち子「21世紀の教育・学習」経済産業省　第1回「未来の教室」とEdTech研究会　2018年1月19日　資料9(https://www.meti.go.jp/committee/kenkyukai/mirainokyositu/pdf/001_09_00.pdf[2020年5月3日現在参照可])

(注12)　吉田右子「対話とエンパワーメントを醸成する21世紀の北欧公共図書館」

『現代の図書館』52（2）日本図書館協会　p.118（掲載の図について，もともと
の原稿の資料を今回の引用のために頂いた。「探求」ではなく「探究」を訳語と
して使用している。）

（注13）吉田右子『オランダの公共図書館の挑戦』新評論　2018年　p.105

（追記）「公共図書館の四空間モデル」は以下の資料にも掲載されている。国際図
書館連盟児童・ヤングアダルト図書館分科会編『IFLA児童図書館サービスのた
めのガイドライン―0歳から18歳　改訂版』日本図書館協会児童青少年委員会
訳　日本図書館協会　2020年　p.30-31

第Ⅻ章　教科等の学習指導の実際と学校図書館

1　教科等の学習指導と学校図書館

　教科等の学習指導において，学校図書館機能を活用する際には，主として国語科で行われる児童・生徒の読書の習慣形成・読解力の育成に焦点をあてた学習活動としての「読書活動」を位置づけて行う場合と，調べ・読み取った事柄を主として教科等の学習の材料として役立てていく「探究活動」に大別される(注1)。以下では各学校段階の読書活動と探究活動を位置づけた学習指導における学校図書館の活用事例を「学校図書館活用データベース」(東京学芸大学学校図書館専門委員会) 掲載事例から見ていくことにしたい(注2)。なお,データベースを検索する際には管理番号がわかっていると探しやすい。注に管理番号を示しておく。このデータベースの他にも，鳥取県立図書館学校図書館支援センターや島根県の子ども読書県しまねのウェブサイトには教科等での活用事例が掲載されているので参照いただきたい。

2　小学校における教科等の学習指導の実際

（1）読書活動を位置づけた事例

①アーノルド・ローベル作品をできるだけたくさん読ませたい（低学年）

　小学校低学年の国語科教科書には，アーノルド・ローベルの「お手紙」（2年，光村図書・東京書籍）や「ふたりはどもだち」（1年，教育出版）が掲載されている。がま君とかえる君が登場する会話文の多い物語である。データベース掲載の実践では，単元末で音読劇を行うことを設定することで，主

体的に作品解釈に取り組める構成になっている。ただこの作品は，がま君とかえる君の関係が理解できていないと理解が深まらない。そこでこの実践では，子どもたちにローベルのがま君・かえる君が登場する『ふたりはともだち』(1970 年)『ふたりはいっしょ』(1971 年)『ふたりはいつも』(1977 年)『ふたりはきょうも』(1997 年) の 4 作品とその他のローベルの作品（計 18 点）を並行読書のために用意している。並行読書とは，単元の学習のねらいをよりよく実現するために並行して特定の本（本単元ではローベルの作品）を読む活動である。並行読書で実際に読書を行う時間は授業時間外であることが多く，この事例でも単元の学習計画に並行読書を行う時間は設定されていない。授業者は並行読書について「教室には，アーノルド＝ローベルのお話を集め，並行読書を推進した。教室におくことによって，友だち同士でいっしょに読んだり，薦め合ったりと本に親しむことができた。休み時間などに読書することはもちろん，単元学習後も図書室でアーノルド＝ローベルの本を借りる姿が見られた」と述べており，効果があったことが読み取れる。なお，本事例では提供された図書リストと，学習指導案が公開されている[注3]。

② 「ウナギのなぞを追って」の学習と並行して科学読み物を読ませたい（中学年）

　国語の教科書には文学的文章だけでなくさまざまな分野の文章が掲載されている。この事例の実践者は，子どもたちの読書傾向を見ていて，科学読み物が普段あまり手に取られていない状況に問題を感じていたようである。そこで「ウナギのなぞを追って」(4 年，光村図書) の学習と並行して科学読み物を手に取るように働きかけることを考えた。本事例では単元の導入時にブックトークを行うことによって，並行読書の動機づけを行っている。ブックトークとは 1960 年代頃からアメリカで行われていたもので，本に親しませ読書を薦めることやあまり目を向けなかった新しい分野の本などに対して読む対象を広げることを目的として行われるものである。この事例では実践が行われた 2016 年の前年に，宇宙飛行士の若田光一氏が国際宇宙ステーションに再滞在したことが話題になっていたことに寄せて「へぇー！なるほど！をどうぞ　宇宙の秘密」と題するブックトークを単元の導入時に行い，単元

末で読んだ科学読み物についてPOPや本のナビを作成する構成活動を行い，本を薦め合う交流活動も行っている。この並行読書のために，公共図書館から団体貸出を受けて多くの本を用意したとのことであった。2019年にノーベル化学賞を受賞した吉野彰氏が科学に興味をもったきっかけになったのが，小学校4年生の時に先生が薦めてくれたマイケル・ファラデーの『ロウソクの科学』を読んだことであったという。科学の本は勿論のこと，さまざまな分野の本を薦めることで，その子どもの興味・関心を醸成させたいものである(注4)。

③「やまなし」の単元で宮澤賢治の本を並行読書させたい（高学年）

　小学校の国語教科書には，全社にわたって宮澤賢治作品が掲載されている。「やまなし」「注文の多い料理店」「セロ弾きのゴーシュ」「雪わたり」といった作品や，宮澤賢治の評伝である。本事例では「やまなし」と「イーハトーブの夢」（宮澤賢治の評伝）の学習に際して，宮澤賢治の世界観をつかませるために並行読書とリテラチャーサークルを取り入れた単元展開を構想したものである。宮澤賢治の作品に興味をもってもらうためにブックトークを行い，そこから選択した本を各自読んだことをもとにリテラチャーサークルを行い，話し合ったことをブックボードにまとめて交流するという単元展開になっている。リテラチャーサークルとは役割を決めて行う読書会で，読んだことを，分担した役割の視点から発言し，それをもとに交流して作品の読みを広げ・深める活動である。この事例では思い出し屋，質問屋，段落屋，言葉屋の4つの役割が設けられている。ブックボードは，どくしょ甲子園（朝日新聞社後援）で用いられた交流のための構成活動をもとにした活動で，読んだ本を薦めるキャッチコピーや印象的な本文の引用，見つけた本の魅力に関する文章や読書会の様子，イラストなどを自由にボードに描くものである。

　ブックトーク，並行読書，リテラチャーサークル，ブックボードという多様な読書活動が取り入れられ，宮澤賢治の世界観に迫っていた。授業者はブックトークは主体的な読書をもたらし，リテラチャーサークルは交流によって自分と同じ考え・ちがう考えに触れ読みの広がり・深まりが見られたようであると述べている。この事例ではブックトーク，リテラチャーサークル，ブッ

クボードの説明は司書教諭が授業に入って指導している。リテラチャーサークルを行うための同一作品を複数冊そろえるために，公共図書館・公立小中学校から相互貸借を行ったとのことである^{（注5）}。

（2）探究活動を位置づけた事例

①図鑑の利用指導（低学年・生活科）

　低学年で資料を使った探究活動は難しいのではないかとの声をよく聞く。しかし，提供する資料を吟味すれば十分実践可能であり，ぜひとも経験させたいものである。国語科でも動物について調べたり，自動車について調べたりとさまざまな授業事例がある。本事例は生活科で図鑑が使えるようになる利用指導を行ったものである。生活科では植物，昆虫，動物等，さまざまな生き物を実際に観察したり，飼育したりする機会がある。その直接体験を資料を使った学びにつなげることで，子どもの気づきの質が高まっていく。そのためには図鑑が子どもにとって調べるために使える本にする必要がある。本事例では図鑑の利用指導として昆虫図鑑を用意し，目次と索引の利用法を指導している（略案とワークシートが公開されている）^{（注6）}。

② 『昔のくらしとまちづくり』について学ぶにあたり，教科書の中だけではなく，日常生活のなかに話題があることに気付かせたい（中学年・社会）

　中学年からの授業では理科，社会，音楽，図画工作，総合的な学習の時間等，さまざまな教科等の時間で学校図書館を活用しての探究活動を位置づけた学習の機会がある。理科や社会科等は実験・観察や見学・調査等の直接体験も重要だが，体験した事柄を他の事例と比較したり一般化したりするためには学校図書館を利用して調べる学習が有効である。小学校3年の社会科の昔のくらしを調べる単元では，これまでも図書資料を使って探究活動が行われてきた。本事例では小学校3年の昔調べの学習を，新聞と図書資料を使って展開している。公開されている指導案からは，小学生新聞の「進歩はすべてのことをよくするわけではないのです」という記事を使って，昔を調べる意義を考えさせる授業設計がされていることがわかる。このあと，図書資料を使って調べる学習が展開するが，新聞を活用する授業の支援も学校図書館

の役割の一つであり，日々の新聞を提供できるようにすることも重要だが，教材となりそうな新聞をスクラップするなどして蓄積し，授業支援を行うことも重要であることがわかる事例である[注7]。

③授業における地図（拡大図・縮図）の提供，地図に関する本や算数をテーマにしたブックトークをしてほしい（高学年・理科）

　学校図書館を利活用した授業事例では，算数・数学の事例がきわめて少ない。この6年生の算数の事例は，縮尺の学習を身近に感じさせるため，地図を利用した授業を構想して実践している。地図を使って地図上の2点間の距離を測らせ，それをもとに実際の距離を求めさせようというものだ。この事例では授業の指導案が公開されている。資料提供の他にも，「算数から広がる本の世界」と題するブックトークが行われ，そのためのブックリストも公開されている。本事例の司書教諭・学校司書のコメントに，卒業間近の6年生に対して，中学校図書館もさまざまな教科に対応していることや学びに年齢制限がないということも伝えられるようにブックトークのシナリオを構成したのである。学校図書館の利用が，その学校だけで閉じているのではなく他校種や公共図書館等につながっていることを子どもたちが理解できるようにする指導も大変重要である[注8]。

3　中学校における教科等の学習指導の実際

（1）読書活動を位置づけた事例

①『徒然草』に挑戦！～選んだ章段のタイトルを付けて後輩に残そう～（中2）

　古典は長い時間にわたって読み継がれ，時代を超えた普遍的な知見・価値等が含まれており，是非とも読んでほしいものだが，生徒にとっては身近でないことが多く，語彙・文体等から読むためのハードルも高い。徒然草も現代人が読んでも共感できるところが多いエッセイである。そこで本事例では生徒の力量に応じた現代語訳の徒然草を学校図書館から多く集め，できるだけ多くの章段が読めるようにし，その中から後輩に伝える価値がある生活に

147

活かせる章段を選び出し，自分で考えた見出しを付けた紹介カードを作るという単元展開になっている。この事例では担当の国語科教諭と学校司書によるティーム・ティーチングが行われており，それによって読む力について多様な実態の見られる生徒個々の状況に可能な限り合わせることができたとのことである。生徒の中には読むことに困難を感じる生徒が存在したため，読み聞かせコーナーを設置し1人で読むよりも多く読めるような働きかけがされていた。事例には明記されていないが，通常学級にも特別な教育的ニーズのある生徒は存在する。そのような生徒に学習を保障しようという重要な支援だろう。本事例では提供したブックリストと指導案が公開されている^(注9)。

（2）探究活動を位置づけた事例

データベースには，中学校の学校図書館活用事例は，国語以外に社会，数学，理科，音楽，保健体育，家庭，外国語，道徳，総合的な学習の時間の事例が掲載されている。

社会科と英語科による教科横断型カリキュラム『ピクトグラムで多文化共生を考えよう』を考えているので，図書館としても支援してほしい（中2社会科・英語科）

2021年から本格実施される中学校の学習指導要領では，他校種同様，汎用的資質能力を育てるために，カリキュラム・マネジメントを行い教科横断的な学習を組織することが示されている。本事例の実践は2017年だが教科横断的なカリキュラムを構成し，その実践に際して学校図書館の支援を求めるというものである。さまざまな事情で日本に来ている外国人児童・生徒（マイノリティ）を理解し自分（マジョリティ）にできることを考えながら支援するためのピクトグラムを作成するという構成である。学校図書館からは，外国人生徒の暮らし，外国人の人権，移民，マーク・ピクトグラム，日本語（学習）の5つのカテゴリーで集められた40点の資料を提供した。通常の授業は主たる教材である教科書を中心に展開するが，教科横断的な課題に取り

組むには，教科書では必要な教材が十分に提供できない。その点，学校図書館にさまざまな資料を用意しておけば，学習に必要な教材が提供できる。これからは新しい学習指導要領下の学力育成のために教科横断的な授業に取り組まれることになろう。その際に学校図書館が有用な教材を提供する機能をもっていることを忘れてはならないと思う[注10]。

4　高等学校における教科等の学習指導の実際

（1）読書活動を位置づけた事例

「高校1年生を新書に親しませるにはどうしたらよいか？」（高1）

　本事例は「小説と新書の違いを知ろう」という単元の学習において「点検読書」という読書活動を位置づけて，小説と新書（知識を得るための本）の違いを捉えさせるものである。読書というと小説を読むことというイメージが強い。教員にも生徒にもである。しかし，読書は小説を読むだけでなくさまざまな知などに出会える幅広い書籍等が対象となるもので，現在においては紙媒体だけでなく，電子媒体についても目配りをするべきものであろう。授業では基本的なところで，小説と新書の外見の違い，題名の付け方，目次等について扱い，小説と新書の違いを発見させている，その後「点検読書」に取り組ませ自分が読むべき本かどうかを判断させる方法を学ばせている。点検読書とは M.J. アドラー・C.V. ドーレン『本を読む本』（講談社　1997年）で示されている読書の方法で，表題，序文，目次を概観し，それらを手がかりに本の内容の要となるいくつかの章を読んでみることによって，読むべき本かどうかを点検する読書の方法である。この実践では小説の代表として『謎解きはディナーのあとで』（東川篤哉　小学館　2010年），新書の代表として『グーグル Google 既存のビジネスを破壊する』（佐々木俊尚　文藝春秋　2006年）を教材にしている。筆者は大学で教える者として，高等学校の教員に話す機会があれば「新書を読める高校生にして下さい」と常々お話している。大学に進学する高校生は，一部ではあるが，大学生に必要な知の技

法の最も大きなものの一つである読書の習慣を身につけてほしいと考えている。それは筆者のみではなく，近年初年次教育に取り組む高等教育の実践者・研究者の多くが読書を重要と考えており，大学における学びの方法を解説した書籍のほとんどに読書の方法がとりあげられていることからもわかるであろう。高校生の読書の幅を広げる重要な事例で，指導案とブックリストが公開されている[注11]。

（2）探究活動を位置づけた事例

「星野富弘さんの詩に感動した作曲家がその詩に付曲しているという点を踏まえて，生徒の曲への理解が深まるブックトークを行ってほしい」（音楽）

本事例は合唱曲の曲への理解を深めるため，音楽の授業の中で学校司書がブックトークを行ったものである。星野富弘は，事故で頸椎を損傷し手足の自由を失ったが口に筆を加えて詩画を発表し続けている。その星野の詩に曲を付けた「むらさきつゆくさ」の合唱に取り組む生徒たちが，学校司書によるブックトークを聞き，紹介された資料を読んで曲への理解を深め，実際の歌唱表現を工夫していくという授業であった。授業者は演奏技術の技術的向上を目指すだけではなく，芸術文化についての理解を深めることが重要であると考えていた。そこで，星野の生い立ちや創作に対する思いを知ることで楽曲への理解が深まると考え，本事例の授業を構想したという。ブックトークでは星野だけでなく他の芸術家で障がいを抱えながら作品表現を続けた人物についても紹介された。学校司書は本授業について「生徒たちの合唱がブックトーク後に確実に深まったのを直に聞けたのは，司書としてうれしく，同時に身の引き締まる授業となりました」とコメントしている。音楽や美術，書道等の芸術系の教科においても，鑑賞や作品，作家研究など学校図書館が活用され，その有効性は多くの教員が認めている[注12]。

以上，10事例を簡単に紹介したが，あらゆる教科等で学校図書館の活用は可能である。鍵は授業者が何を行いたいと考えているかを聴き取ることである。もちろん，司書教諭が所属学校種の教育課程全般について知見を深め，

学校図書館による支援の可能性を探ることは重要であるが，授業は授業者によってさまざまである。同じ教科書を使っていても，授業展開は授業者によって異なり，同じ授業者であっても対象とする児童・生徒が異なれば変わってくるのである。それゆえ，授業者の思いや願いをつかむことが重要なのである[注13]。司書教諭は，さまざまな教員とコミュニケーションを深め，学校図書館活用の可能性を探っていかねばならない。

（鎌田和宏）

〈注〉
（注1）鎌田和宏『入門　情報リテラシーを育てる授業づくり』少年写真新聞社　2017年　p.58
（注2）東京学芸大学学校図書館専門委員会では，学校図書館を利活用した授業事例のデータベースを作成し，「先生のための授業に役立つ学校図書館活用データベース」として公開している。授業の指導案，ワークシート，提供された資料に関するブックリスト等が公開されている事例もあり，学校図書館の利活用について考える際に重要な検討材料を提供してくれている。

このサイトには授業に学校図書館を活用している教員や学校図書館スタッフへのインタビューや優れた学校図書館の事例，学校図書館整備のヒントなど，学校図書館活用を考える際に必要な情報をさまざまな角度から提供している。（http://www.u-gakugei.ac.jp/~schoolib/htdocs/?page_id=503［2020年5月25日現在参照可］）
（注3）管理番号A0251「アーノルド・ローベル作品をできるだけたくさん読ませたい」熊本市立川上小学校，授業者　寺前孝子，司書補助業務員　松本ゆかり，授業は2015年に実施（http://www.u-gakugei.ac.jp/~schoolib/htdocs/index.php?key=mu731cixa-26#_26［2020年5月25日現在参照可］）
（注4）管理番号A0249「『ウナギのなぞを追って』の学習と並行して科学読み物を読ませたい」小平市立小平第一小学校，授業者　石橋幸子（司書教諭），授業は2016年に実施（http://www.u-gakugei.ac.jp/~schoolib/htdocs/index.php?key=mu1oeyzmw-26#_26［2020年5月25日現在参照可］）
（注5）管理番号A0331「『やまなし』の単元で宮澤賢治の本を並行読書させたい」国分寺市立第5小学校，授業者　野田賢耶，司書教諭　杉本ゆかり，

授業は 2017 年に実施（http://www.u-gakugei.ac.jp/˜schoolib/htdocs/index.php?key=mu7abmsib-26#_26［2020 年 5 月 25 日現在参照可］）

（注 6 ）管理番号 A0046「図鑑の利用指導」おおさわ学園三鷹市立羽沢小学校，授業者　千葉多美恵・宇佐美毅，学校司書　金澤磨樹子，事例報告は 2010 年作成（http://www.u-gakugei.ac.jp/˜schoolib/htdocs/index.php?action=pages_view_main&block_id=26&active_action=multidatabase_view_main_detail&content_id=59&multidatabase_id=1&block_id=26#_26［2020 年 5 月 25 日現在参照可］）

（注 7 ）管理番号 A0356「『昔のくらしとまちづくり』について学ぶにあたり，教科書の中だけではなく，日常生活のなかに話題があることに気付かせたい」岩見沢市立栗沢小学校，授業者　古関亮子（司書教諭），授業は 2017 年に実施（http://www.u-gakugei.ac.jp/˜schoolib/htdocs/index.php?key=mu11sezsy-26#_26［2020 年 5 月 25 日現在参照可］）

（注 8 ）管理番号 A0336「授業における地図（拡大図・縮図）の提供，地図に関する本や算数をテーマにしたブックトークをしてほしい」国分寺市立第二小学校，授業者　室岡祐太，学校司書　田邉ひろみ，授業は 2019 年に実施（http://www.u-gakugei.ac.jp/˜schoolib/htdocs/index.php?key=muh5rmvby-26#_26［2020 年 5 月 25 日現在参照可］）

（注 9 ）管理番号 A0226「『徒然草』に挑戦！〜選んだ章段のタイトルを付けて後輩に残そう〜」市川市立第七中学校，授業者　森畑浩幸，学校司書　高桑弥須子，授業は 2014 年に実施（http://www.u-gakugei.ac.jp/˜schoolib/htdocs/index.php?action=pages_view_main&block_id=26&active_action=multidatabase_view_main_detail&content_id=248&multidatabase_id=1&block_id=26#_26［2020 年 5 月 25 日現在参照可］）

（注 10）管理番号 A0287「社会科と英語科による教科横断型カリキュラム『ピクトグラムで多文化共生を考えよう』を考えているので，図書館としても支援してほしい」東京学芸大学附属世田谷中学校，授業者　津山直樹（社会科），森美穂（英語科），学校司書　村上恭子，授業は 2017 年に実施（http://www.u-gakugei.ac.jp/˜schoolib/htdocs/index.php?action=pages_view_main&block_id=26&active_action=multidatabase_view_main_detail&content_id=310&multidatabase_id=1&block_id=26#_26［2020 年 5 月 25 日現在参照可］）

（注 11）管理番号 A0109「高校 1 年生を新書に親しませるにはどうしたらよいか？」新潟県立新潟江南高等学校，授業者　押木和子，学校司書　伊藤ちひろ，授業は 2012 年に実施（http://www.u-gakugei.ac.jp/˜schoolib/htdocs/index.

php?action=pages_view_main&block_id=26&active_action=multidatabase_
view_main_detail&content_id=124&multidatabase_id=1&block_id=26#_26
［2020 年 5 月 25 日現在参照可］）

（注 12）　管理番号 A0294「星野富弘さんの詩に感動した作曲家がその詩に付曲し
　　　　ているという点を踏まえて，生徒の曲への理解が深まるブックトークを行っ
　　　　てほしい」東京学芸大学附属高等学校，授業者　居城勝彦，学校司書　岡田和
　　　　美，授業は 2017 年に実施（http://www.u-gakugei.ac.jp/~schoolib/htdocs/index.
　　　　php?key=mu1zww1n8-26#_26［2020 年 5 月 25 日確認］）

（注 13）　国立国会図書館国際子ども図書館「図書館による授業支援サービスの可能
　　　　性　小中学校社会科での 3 つの実践研究　国際子ども図書館調査研究シリーズ
　　　　No.2」（2012 年 8 月）では，授業支援を行うためには授業者へのインタビューに
　　　　よって実践の意図を把握することが重要であるとされている。

第XⅢ章　総合的な学習・探究の時間と学校図書館

1　総合的な学習・探究の時間における学校図書館活用の意義

　小・中学校は平成14年度から，高等学校は平成15年度から，総合的な学習の時間の完全実施が始まった。まずこの総合的な学習の時間は，何を目標とし，何を内容とする時間なのかを確認しておきたい。

　小・中学校の平成10年度版学習指導要領に登場した総合的な学習の時間については，他の教科・特別活動・道徳のように章で示されるのではなく，総則で示されていた。そこでは，総合的な学習の時間の定義として「総合的な学習の時間においては，各学校は，地域や学校，生徒の実態等に応じて，横断的・総合的な学習や生徒の興味・関心等に基づく学習など創意工夫を生かした教育活動を行うものとする」[注1]とされており，従来教科では扱い難かった横断的・総合的な主題や児童・生徒の興味・関心にもとづく学習などを行うものとしていた。

　このような時間が新設された背景には，次のような問題意識があった。日本がそれまで欧米先進諸国を目指して取り組んできた追いつき型の成長が達成され，これからは先進

図表13－1　総合的な学習・総合的な探究の時間の目標

小学校・中学校　総合的な学習の時間	高等学校　総合的な探究の時間
探究的な見方・考え方を働かせ，横断的・総合的な学習を行うことを通して，よりよく課題を解決し，自己の生き方を考えていくための資質・能力を次のとおり育成することを目指す。	探究の見方・考え方を働かせ，横断的・総合的な学習を行うことを通して，自己の在り方生き方を考えながら，よりよく課題を発見し解決していくための資質・能力を次のとおり育成することを目指す。
(1) 探究的な学習の過程において，課題の解決に必要な知識及び技能を身に付け，課題に関わる概念を形成し，探究的な学習のよさを理解するようにする。	(1) 探究の過程において，課題の発見と解決に必要な知識及び技能を身に付け，課題に関わる概念を形成し，探究の意義や価値を理解するようにする。
(2) 実社会や実生活の中から問いを見いだし，自分で課題を立て，情報を集め，整理・分析して，まとめ・表現することができるようにする。	(2)実社会や実生活と自己との関わりから問いを見いだし，自分で課題を立て，情報を集め，整理・分析して，まとめ・表現することができるようにする。
(3) 探究的な学習に主体的・協働的に取り組むとともに，互いのよさを生かしながら，積極的に社会に参画しようとする態度を養う。	(3)探究に主体的・協働的に取り組むとともに，互いのよさを生かしながら，新たな価値を創造し，よりよい社会を実現しようとする態度を養う。

諸国の開発した技術等を活用することに変えて，自ら創造し，新しいフロンティアを開拓していくことが必要であり，それによって現代社会が抱える課題——地球環境問題，エネルギー問題，国際化・情報化への対応，福祉・健康・心の問題，等々——に立ち向かっていかねばならない[注2]事態となってきた。

　そのような問題意識にもとづき，「生きる力」を育てる中核として創設された総合的な学習の時間であるが，平成20年度版の学習指導要領では，章として独立し，平成29年度版学習指導要領では図表13−1のような目標をもつものとなっている。平成20年度版では小・中・高等学校ともに総合的な学習の時間であったが，この改訂で高等学校のみ総合的な探究の時間と名称を変更している。目標から読み取れる，総合的な学習の時間・探究の時間の重点は以下の7点である。

①探究的な見方・考え方を働かせること

②横断的・総合的な学習を行うこと

③課題解決に取り組むこと

④自己の生き方を考える資質・能力を育成すること（小中）

　よりよく課題を発見し解決していくための資質・能力を育成すること（高）

⑤課題に関わる概念形成・解決に必要な知識・技能を身につける

⑥実社会・実生活から問いを見出し，課題設定，整理・分析，まとめ・表現ができること

⑦主体的・協働的に取り組み積極的に社会に参画しようとする態度を育てること

　これらの具体については，図表1−2（p.20）も参照しつつ，第Ⅴ章からⅨ章で具体的に触れてきた。とくに探究的な学習の過程については，もう一度読み返していただきたい。

　さて，先述した総合的な学習の時間・探究の時間の重点にもとづいて，学校ごとに学習内容を設定して総合的な学習の時間・探究の時間は実施されているが，学習指導要領では，総合的な学習の時間・探究の時間の目標を実現するにふさわしい探究課題については，国際理解，情報，環境，福祉・健康

などの現代的諸課題に対応する横断的・総合的な課題，地域の人々の暮らし，伝統と文化などの地域や学校の特色に応じた課題，児童・生徒の興味関心にもとづく課題，職業や自己の将来に関する課題（中学校），職業や自己の進路に関する課題（高等学校）などを例示している。

このような総合的な学習の時間・探究の時間に，学校図書館の活用が期待されている。学習指導要領解説の第2節　内容の取扱いについての配慮事項に次の記述がある[注3]。

(7) 学校図書館の活用，他の学校との連携，公民館，図書館，博物館等の社会教育施設や社会教育関係団体等の各団体との連携，地域の教材や学習環境の積極的な活用などの工夫を行うこと。

総合的な学習の時間・探究の時間における探究の過程ではさまざまな事象について調べたり探したりする学習活動が行われるため豊富な資料・情報が必要となる。教科であればそのような基本資料・情報は教科書が提供するが，学習内容が各学校で設定される総合的な学習は学校毎に用意する必要がある。そこで，学校図書館やコンピュータ室で図書や資料を充実させ，タブレット端末を含むコンピュータ等の情報機器や校内ネットワークシステムを整備・活用することが望まれているのである。児童・生徒が探究課題とする主題に関する資料を収集することはもちろんのこと，公共図書館等と連携して相互貸借によって資料を豊富にすることが必要である。また，探究の際の基本となる参考図書の整備も必要である。これらに加えて，電子書籍やデータベースなどの利用も考えなくてはならない。とくに高等学校では学術情報データベース，有料データベースへのアクセスについても視野に入れて整備をすべきである。そして，これらの資料の探し方や使い方の指導を，司書教諭・学校司書などの学校図書館担当者がコンピュータなどの情報教育の担当者と連携して行うことによって，児童・生徒が情報を収集，選択，活用する能力を育てることに組織的・計画的に取り組んでいかねばならない。このためには，総合的な学習の時間・探究の時間の全体計画や年間指導計画に学校

図書館等の活用を位置づけ，授業で活用する際に学校図書館担当者と十分な打合せを行う必要がある。

2　小学校における総合的な学習の時間の学習指導の実際

　東京学芸大学学校図書館専門委員会による「先生のために授業に役立つ学校図書館活用データベース」[注4] から，学校図書館を活用した総合的な学習の時間の学習指導の実際について見ていきたい。

（1）中学年の事例

「総合的な学習の時間『だれもが関わり合い共によりよく生きる』ことを考えるための，調べ学習をしたい」（4年）

　本事例は福祉を主題として扱った総合的な学習の時間である。国語科の説明的文章（「だれもが関わり合えるように　手と心で読む」光村図書）の学習を導入に利用し，目の不自由な人の役に立つ工夫について図書資料を使った調べる活動を行った。その後，バリアフリー・ユニバーサルデザインなどに関するブックトークを行い，視覚障がいだけでなくさまざまな障がいに関して調べる学習を展開し，実際にパラリンピック関係者からお話を聞いたり，アイマスクなどを使って盲者・聾者の疑似体験を行ったりした。最後にこれらの学習をもとに，これまで調べてきたことをまとめて発表した。これらの学習の中で，ペンタゴンチャートを用いて課題を絞る方法を学んだり，NDC マップで調べたい主題についてどのような資料を調べればよいのか見当を付けたりする方法を学んだ。また3年時に学んだ情報カードの書き方を活用することもできた。これらは探究のための課題設定，資料の収集のための方法で，探究的な学習を支える技術として重要なものであった。この授業について授業者は「たくさんの資料を用意していただいたので，スムーズに調べ学習ができた」と振り返っていた。事例には提供された資料のブックリストと授業計画・ワークシートが公開されている[注5]。

（2）高学年の事例

「イネの栽培活動に取り組みながら，富山和子著『お米は生きている』の集団読書をしたうえで，日本史における稲作，稲作が作り出した文化など，広い視野から『米』を捉えられるように　学習を組みたい」

　5年生の社会科の農業の学習で米づくりについて学ぶことに合わせ，稲を栽培し，米づくりの体験学習に取り組む学校は多い。本事例，総合的な学習の時間の単元「お米ってすごい！～環境と水田の関係～」では，環境の視点から田の機能に焦点を合わせ，それぞれが課題を設定し，図書資料を使って調べ，情報カードに記録し，調べたことを発表する学習に取り組んだ。この学習に先だって，稲の栽培活動に取り組みながら，富山和子『お米は生きている』の集団読書をしている。同書は歴史・文化など広い視野から書かれており，この集団読書が，子どもたちが総合的な学習の時間で調べる学習を展開する際の問題意識を醸成させる働きをもっていたと考えられる。本事例では提供された資料のブックリストと指導案が公開されている[注6]。

3　中学校における総合的な学習の時間の学習指導の実際

（1）公共図書館と連携した事例

「身近な地域から学ぶ戦争とは平和とは」（中2）

　本事例は，公共図書館による授業支援の事例である。地元の長野県と戦争に関して調べる総合的な学習「身近な地域から学ぶ戦争とは平和とは」で半年にわたる長い期間の実践である。うみのしほ『おりづるの旅　さだこの祈りをのせて』の読み聞かせから，広島に毎年折り鶴が集まる理由，戦争について考え，そこから長野県や塩尻の戦争に関わることを調べていった。地域の歴史について調べるには，郷土資料が不可欠である。市立図書館による資料支援や地元の方々からの聞き取り，戦争に関わる場所，建物を訪れながら

探究を進め，調べた成果を文化祭で発表し，成果物を市立図書館でも展示した。長野県は満蒙開拓青少年義勇兵が多く出た土地である。この学校の学区には満蒙開拓青少年義勇軍の若者のもとに嫁ぐ花嫁を養成するために建設された訓練所である桔梗ヶ原女子拓務訓練所もあり，現在も跡地を見ることができるという。大陸の花嫁は中学生たちと近い年齢の少女であり，多くは悲惨な結末を迎えた。生き残った女性のインタビューもあり，これらに触れることによって，戦争を遠くのできごとではなく，身近なできごととして感じ取ることができたとのことである。この実践では，授業者が，授業意図を学校司書に伝えて学校図書館の支援を受け，学校図書館だけでは対応できない資料支援を学校司書が市立図書館に依頼・調整して，授業連携が行われた。学校図書館・公共図書館との連携があったからこそ実現できた豊かな授業であったといえよう。なお，本事例の実践報告は「信濃教育会　第22回　教育研究論文・教育実践賞　特選」（『信濃教育』1592号，2019年7月）に選ばれている[注7]。

4　高等学校における総合的な探究の時間の学習指導の実際

「新書初心者である生徒たちにふさわしいレーベルや，本の紹介を司書からしてほしい」（高2）

　高等学校ではAO入試の志願理由書や受験のための小論文指導が行われる。国語の時間で実施されることが多いが，進路先の大学や専門学校等や，志望する専門分野について調べることと合わせて，総合的な探究の時間で指導されることもある。本事例は外部講師による小論文の授業の際に，新書を読むことを薦められたが，なかなか進んで読む生徒が少ない状況に問題を感じた授業者が，学校図書館と連携して構想した授業である。生徒の希望進路に合わせて作成されたブックリストから，生徒は本を選んで読み，レポートを書いている。この授業では本の読み方や，各章の要点を捉える方法，それをもとにレポートを書く方法などが指導されている。作成されたレポートは，

生徒同士で読めるようにしたところ，そのレポートのソースになった本を借りていく生徒が見られ，図書館に足を運ぶ生徒が増えたとのことであった。このレポートの指導では，生徒は表紙の用紙として新書の内容を捉えるためのワークシートに取り組んでいるが，このワークシートが情報を得るための読書の方法を学ぶものとして効果的であったことが語られている。事後，授業者は国語科の授業との関連・発展を考え，学校司書は類似課題の時にワークシートを生徒に手渡し読書の支援をしているという。本事例には，授業配布時のプリント・ワークシートと，提供された資料のブックリストが公開されている^(注8)。

（鎌田和宏）

〈注〉

(注1) 平成10年度版学習指導要領 (https://www.mext.go.jp/a_menu/shotou/cs/1319941.htm［2020年5月25日現在参照可］)

(注2) 第15期中央教育審議会「21世紀を展望した我が国の教育の在り方について」（第一次答申）1996年7月 (http://www.mext.go.jp/b_menu/shingi/chuuou/toushin/960701.htm［2020年5月25日現在参照可］)

(注3) 総合的な学習の時間における学校図書館の活用等については『小学校学習指導要領解説　総合的な学習の時間編』(2018年，東洋館) の「第4章　指導計画の作成と内容の取り扱い（7）」(p.59)，「第9章　総合的な学習の時間を充実させるための体制づくり　3　学校図書館の整備」(p.141) を参照のこと。中学校，高等学校の同書にも同様の記述がある。

(注4) 東京学芸大学学校図書館専門委員会「先生のための授業に役立つ学校図書館活用データベース」(http://www.u-gakugei.ac.jp/~schoolib/htdocs/?page_id=503［2020年5月25日現在参照可］)

(注5) 管理番号A0310「総合的な学習『だれもが関わり合い共によりよく生きる』ことを考えるための，調べ学習をしたい」杉並区立桃井第五小学校，事例報告者　大澤倫子（学校司書），授業は2017年に実施 (http://www.u-gakugei.ac.jp/~schoolib/htdocs/index.php?key=muae3i0n1-26#_26［2020年5月25日現在参照可］)

（注６）管理番号 A0078「イネの栽培活動に取り組みながら，富山和子著『お米は生きている』の集団読書をしたうえで，日本史における稲作，稲作が作り出した文化など，広い視野から『米』を捉えられるように　学習を組みたい」狛江市立緑野小学校，授業者　田揚江里，学校司書　松原礼子，授業は 2011 年に実施（http://www.u-gakugei.ac.jp/~schoolib/htdocs/index.php?key=mu4xqhz19-26#_26 ［2020 年 5 月 25 日現在参照可］）

（注７）管理番号 A0347「長野県と戦争についての調べ学習を，学校図書館だけでなく，市立図書館でも支援してほしい」塩尻市立丘中学校，授業者　宮澤有希，学校司書　塩原智佐子，塩尻市立図書館司書　青山志織，授業は 2018 年に実施。（http://www.u-gakugei.ac.jp/~schoolib/htdocs/index.php?key=mu7alt5yi-26#_26 ［2020 年 5 月 25 日現在参照可］）

管理番号 A0348「図書資料を活用して身近な地域と戦争とのつながりを学ぶために，調べ方を学ぶことができる調べ学習の授業や導入での絵本の読み聞かせをしてほしい」（http://www.u-gakugei.ac.jp/~schoolib/htdocs/index.php?key=mu09rj315-26#_26 ［2020 年 5 月 25 日現在参照可］）

村上恭子「身近な地域と戦争のつながりを学ぶ総合学習」（2019 年 8 月 6 日　）（http://www.u-gakugei.ac.jp/~schoolib/htdocs/index.php?action=pages_view_main&block_id=121&active_action=journal_view_main_detail&post_id=936#_121 ［2020 年 5 月 25 日現在参照可］）

（注８）管理番号 A0151「新書初心者である生徒たちにふさわしいレーベルや，本の紹介を司書からしてほしい」長野県大町北高校，授業者　成田亜矢子，学校司書　竹腰史佳，授業は 2012 年に実施（http://www.u-gakugei.ac.jp/~schoolib/htdocs/index.php?key=muhgptg8l-26#_26 ［2020 年 5 月 25 日現在参照可］）

特別な教育的ニーズと学校図書館

1　特別な教育的ニーズに応ずる教育

　20 世紀の日本の司書教諭養成や学校図書館の活用において「特殊教育」との問題は本格的に扱われてこなかった。しかし 21 世紀になり「特殊教育」が「特別支援教育」と呼ばれるようになり，障がいに対する理解や子どもの発達特性に対する研究が進むにつれ，学校現場の取り組みは変化してきている。かつて盲・聾・養護学校や特殊学級で行われてきた教育は，ひろく通常の学校でも取り組むべき課題となっている。文部科学省の調査によれば，通常の学級に在籍する児童・生徒にも発達障がいの可能性のある特別な教育的ニーズがあるとみられる児童・生徒が一定数存在するとの調査もある[注1]。また，特別支援学校での学校図書館の活用実践に取り組む実践者や，それを研究対象とする研究者[注2] も現れている。

　前提として，障がい者を取り巻く社会の変化を把握しておきたい。2006年に国連総会本会議で採択された「障害者の権利に関する条約」は 2008 年に発効している。これは国際人権法にもとづく人権条約で，日本は 2007 年に同条約に署名し，条約締結に必要な国内法の整備・制度改革等を進め，2014 年に批准した。この条約の趣旨を具現化するために，2016 年には「障害を理由とする差別の解消の推進に関する法律」（障害者差別解消法）が施行され，2019 年には「視覚障害者等の読書環境の整備の推進に関する法律」（読書バリアフリー法）が施行された。この通称読書バリアフリー法だが，法律の名称には視覚障害者等とあるが，条文に視覚障害等とは視覚障害，発達障害，肢体不自由その他の障害としており，あらゆる障がいのある人を対象とするものである。そして読書において利用する書籍など（雑誌，新聞そ

の他の刊行物）だけでなく電子書籍も整備の対象としている。地方公共団体はこの法の趣旨をふまえ，読書環境の整備推進の施策を講ずることが求められているが，とくに学校および図書館の取り組みは重要である。学校においては，学校図書館が中心となって，さまざまな子どもの障がいに応じた読書環境整備の取り組みが期待される。

　さて，学校教育であるが，2007 年 4 月に特別支援教育が学校教育法に位置づけられた。特別支援教育とは，障がいのある児童・生徒の自立や社会参加に向けた主体的な取り組みを支援するという視点に立って，それぞれの教育的ニーズを把握し，そのもてる力を高め，生活や学習上の困難を改善・克服するために適切な指導・必要な支援を行うものである。学校教育法では「盲学校，聾学校又は養護学校は，それぞれ盲者（強度の弱視者を含む。以下同じ。），聾者（強度の難聴者を含む。以下同じ。）（中略）に対して，幼稚園，小学校，中学校又は高等学校に準ずる教育を施し，あわせてその欠陥を補うために，必要な知識技能を授けることを目的とする」（学校教育法第 71 条）と規定されていた。しかし，特別支援教育では上記の法で対象としている障害児者の考え方を拡大して捉え，次のように条文を改正している。「特別支援学校は，視覚障害者，聴覚障害者，知的障害者，肢体不自由者又は病弱者（身体虚弱者を含む。以下同じ。）に対して，幼稚園，小学校，中学校又は高等学校に準ずる教育を施すとともに，障害による学習上又は生活上の困難を克服し自立を図るために必要な知識技能を授けることを目的とする」（学校教育法第 72 条）。すなわち，障がいを欠陥ではなく子ども個々のある特別なあり方と捉え，その特別な教育的ニーズに対して教育を行っていこうというのである。このような考え方にもとづき実施される特別支援教育は，特別支援学校や特別支援学級で学ぶ子どもたちだけでなく，小・中学校の通常級で学ぶ子どもたち，すなわち学習障がい（LD）・注意欠陥多動性障がい（ADHD）・高機能自閉症等の状態を示す軽度の発達障がいの児童・生徒も含み込んでいる。これより，特別支援教育はすべての学校で取り組まねばならない実践課題であることがわかるであろう。

　そして，平成 29（2017）年度に告示された小学校・中学校の学習指導要

領総則には「児童の発達の支援」（小学校）や「生徒の発達の支援」（中学校）の節に特別な配慮を必要とする児童（中学校は生徒，以下同様）への指導の項が設けられた。この項の下には「障害のある児童等への指導」と「海外から帰国した児童や外国人の児童の指導」が示されている。これは障がい者の権利に関する条約に掲げられている教育の理念の実現に向けて，特別支援教育の目的・意義を理解して，個に応じた指導を充実させるために，教育課程の編成において示された留意事項で，そこでは児童・生徒の障がいの種類や程度等を理解し，障がいのある児童・生徒の困難さに対する指導の工夫の検討，組織的・計画的な対応の実施を求めている。

　これまでは，特別な教育的ニーズを主として障がいについて述べてきたが，障がいの他にも海外から帰国した児童・生徒や，外国にルーツをもつ家庭の児童・生徒，日本語の習得に困難のある児童・生徒などについての特別な教育的ニーズについて対応することも学習指導要領は求めていることも注意しておかねばならないだろう。これからの学校図書館は多言語・多文化の視点も重要だということである。

2　特別な教育的ニーズに応ずる学校図書館

　特別な教育的ニーズに応ずる特別支援教育について，学校図書館が果たす役割は学習指導要領に示された3つのセンター機能が基本である。豊かな人間性，教養，創造力等を育む自由な読書活動や読書指導の場である「読書センター」，児童・生徒の自主的・主体的・協働的な学習活動を支援したり授業の内容を豊かにしてその理解を深めたりする「学習センター」，児童・生徒や教職員の情報ニーズに対応したり，児童・生徒の情報収集・選択・活用能力を育成したりする「情報センター」の機能である。

　ただし，これらの機能を展開するためには，児童・生徒の特別な教育的ニーズに応ずるための施設・設備・器具等，ニーズに応ずるためのメディアを含む学校図書館コレクションの構築，学校図書館サービスが必要である。

　図表14－1に特別な教育的支援ニーズに応じるための学校図書館の施設・

図表 14 － 1　特別な教育的支援ニーズに応じるための学校図書館の施設・設備，
メディア，学校図書館活動について

特別な教育的支援ニーズ	ニーズに応じるための施設・設備・器具等	ニーズに応じるためのメディア	ニーズに応じるための学校図書館活動
（1）視覚障がい	・視覚障がいのある利用者に対応した施設。 ・リーディングトラッカー，拡大読書機，視覚障がいのある利用者が利用できるコンピュータ（点字ディスプレイ，OS，アプリケーション等のユーザーインターフェースの工夫）	・通常の図書等の資料 ・点字図書 ・拡大図書（拡大写本・大活字本） ・録音図書（カセットテープ，DAISY 図書） ・さわる絵本	・対面朗読
（2）聴覚障がい	・通常の施設・設備	・通常の図書等の資料 ・映像メディア（字幕・手話映像入り）	・手話による読み聞かせ
（3）肢体不自由	・車いす等の移動や利用が可能な施設（書架の間を広めにとる等） ・機能障がい等に対応した補助具，機器やコンピュータ機器はユーザーインターフェース等の工夫が必要	・通常の図書等の資料 ・拡大図書（拡大写本・大活字本） ・DAISY 図書	・学級文庫の整備・充実（学校図書館の分館として）
（4）病弱	・通常の施設・設備	・通常の図書等の資料	・ベッドサイドまで図書を届ける活動
（5）知的障がい	・コンピュータ等の機器については操作が容易となるような機器（タッチパネル式ディスプレイ），ユーザーインターフェースの工夫	・多種多様なニーズに対応できる幅をもたせたメディア ・絵本，紙芝居 ・布絵本 ・視聴覚メディア（CD，ビデオテープ，DVD） ・DAISY 図書（マルチメディアDAISY） ・LL ブック	・視覚・聴覚等さまざまな感覚に訴える活動（パネルシアター，絵本を拡大投影した読み聞かせ，歌や手遊びをとれ入れた活動等）
（6）学習障がい	・通常の施設・設備	・DAISY 図書（マルチメディアDAISY） ・LL ブック	・対面朗読

整備について整理した。図表14 - 1^(注3)では，特別な教育的ニーズを視覚障がい，聴覚障がい，肢体不自由，病弱，知的障がい，学習障がいで示した。しかしながら，特別支援教育の現状を考えると，単一の障がいによる特別な教育的ニーズに応じればよいケースよりも，複数のニーズが重なる場合が多いようである。重複障がいへの対応ということである。そうなると，施設・設備・器具等，メディア，学校図書館活動は，複数障がいへの対応を念頭におかねばならないだろう。よく観られるのが知的障がいとの重複である。このような対応を考えた時に，注目したいのがメディアによる対応でDAISY図書^(注4)とLLブック^(注5)である。

DAISY図書は，そもそも視覚障がい者や普通の印刷物を読むことが困難な人への録音図書の代わりとしてデジタル録音図書として開発が始められた。DAISYはDigital Accessible Information SYstemの略で日本では「アクセシブルな情報システム」と訳されている。デジタルの特性を生かし，単に音声を収録するだけでなくテキストや画像（静止画・動画）を同期させて示すことができ，このように多様なメディアを統合しマルチメディア化したDAISY図書はマルチメディアDAISYと呼ばれ，DAISYコンソーシアム公認のオーサリングツールを利用して作成することができ，専用の読書機やコンピュータで再生され利用されている。DAISY図書は，出版社が作成するだけでなく，点字図書館や公共図書館，ボランティアグループなどでも製作され，CD-ROMに記録され貸出しされている。視覚障がい者の他に，肢体不自由，学習障がい，知的障がい，精神障がいのある人にとっても有効であるとされている。また，DAISY図書で一部の教科書を供給できるようにもなってきている。2010年に改正された著作権法では，図書資料等を特別なニーズに応じた形で利用に供するためのメディア変換が学校図書館にも認められるようになった。

今ひとつ注目したいものがLLブック^(注5)である。LLブックはスウェーデンで普及しているやさしく読める本で，LLとはスウェーデン語のLättläst（レットラスト）で，日本語にすると「やさしくてわかりやすい」の意である。スウェーデンでは障がいのある人の権利を保障するために，

1960年代末にやさしく読める図書の機関が国によって設立され，出版社の協力の下にLLブックが出版された。その後，やさしく読める図書センターが設立され，ニュースを伝える『8ページ』という新聞やLLブックが作られた。やさしく読める図書センターでは，読みやすくわかりやすい本を作るためのガイドラインを作成している。ガイドラインは①内容と言葉に関するもの②レイアウトに関するもの③絵に関するもの④難しさのレベルに関するもの⑤読みやすさを必要とする読者に関するものがある。このガイドラインを柔軟に利用しながら言葉をやさしくし，イラストや写真，図を効果的に利用し，時にはシンボルなども用いてやさしく読めるニーズをもつ人のために興味深い本を作っている。日本にもこの考え方が導入され，スウェーデンで刊行された本の翻訳や，日本で独自に製作されたLLブックが刊行されている。

　特別な教育的ニーズに応ずるためには，施設・設備・器具等，特別なニーズに応ずるメディア，学校図書館活動の工夫が重要である。なかでもDAISY図書やLLブックのように特別なニーズに応じたメディアに関する情報は重要で，公共図書館等と連携しながら情報を収集しつつ，実際のメディアを収集・整理して利用に供することが重要である。実はこれらの取り組みは特別な教育的ニーズをもつ児童・生徒のためのみでなく，その他の児童・生徒にとっても意味ある取り組みとなっている。例えば特別な教育的ニーズに応じたメディアは，その他の児童・生徒にとっても読みやすく，手に取りやすい資料となっている。特別な教育的ニーズを想定して行う学校図書館整備は，学校図書館のユニバーサルデザイン化に取り組むことにもなるのである。それはすべての児童・生徒が利用しやすい学校図書館を生み出すことを意味している。

3　特別支援学校における学校図書館

　学校教育法では，特別支援学校は小・中学校に在籍し，特別な教育的ニーズをもつ児童・生徒がその教育的ニーズに応じた教育を受けられるよう，必

要な助言・援助を行うように定められている。特別支援学校がもつ教育上の高い専門性を生かしながら，地域の小・中学校を積極的に支援するセンター機能が期待されている。この考え方からすれば，特別支援学校の学校図書館は，地域で特別な教育的ニーズをもつ児童・生徒のための学校図書館支援を行うセンター的機能を有さねばならないことになる。では特別支援学校の学校図書館はどのような状況なのだろうか。2013年に全国学校図書館協議会特別支援学校図書館調査委員会が全国の特別支援学校に行った調査から概況を見ることにする^(注6)。

特別支援学校の中で学校図書館を設置している学校は約90％で，設置率が100％となっているのは視覚，聴覚であり，設置率が最も低かったのは知的の約80％で，知的の学校図書館は他の施設との兼用率も約40％となっている。学校図書館法では学校図書館は必置となっているので問題となる状況である。

その学校図書館で有している設備，備品，機器はというと，閲覧机，閲覧いす，書架であり，視覚でDAISY再生機，拡大読書機等を有している程度であるという。

また，学校図書館の平均蔵書数を見てみると4,474冊で，視覚が約1万冊（点字図書，録音図書，拡大図書，墨字図書を合わせた数），聴覚が約7,300冊，肢体が約5,000冊，病弱が約4,700冊，知的が約2,300冊と校種間での差が大きく，都道府県間での差もきわめて大きい。同年度の小・中・高等学校の平均蔵書冊数と比較しても少なく，文部科学省の学校図書館図書標準を達成している学校は少数である（ただし学校図書館図書標準は高等学校は対象外）。特別支援教育で教科書のように利用されることが多い絵本の平均所蔵冊数では，視覚が約600冊，聴覚が約1,200冊，肢体が約1,100冊，病弱が約800冊，知的が約800冊となっている。図書以外のメディアについては，すべての学校種を通した平均点数の多いものだけあげると，カセットテープ約100点，ビデオテープが約70点，紙芝居約70点，CD約20点，DVD約10点といった状況で学校図書館に設置されたコンピュータは平均2.1台で回答のあった503校の内の39％であった。ちなみに，学校図書館の年間経費は校費・私費

を合わせた総額の平均で1校あたり22.6万円であった。

　学校図書館を運営する司書教諭の発令率は，視覚約30％，聴覚約30％，肢体約60％，病弱40％，知的約60％で平均54.2％であった。調査校の全学部数における12学級以上の規模の学部の割合は31.7％であることを考えると，発令率は高いと考えられる。とくに，12学級以上の学部の割合が0.5％の視覚，6.2％の聴覚においても約30％の発令率が見られるのは特筆に値する。学校規模にかかわらず司書教諭を発令する意義が認められていると捉えることもできるだろう。ただし司書教諭の約10％が学校図書館以外の校務分掌に所属していることにも注意しておきたい。発令はされたものの実質上司書教諭の業務に従事できない司書教諭であることも想定できるからである。関連して学校司書の配置は約10％で，専任率は82％であった。

　以上，特別支援学校の学校図書館概況を見てきたが，特別支援学校では小・中・高等学校に「準ずる」教育を施すとともに「障害による学習上又は生活上の困難を克服し自立を図るために必要な知識技能を授けること」を目的としている。よって，小・中・高等学校よりも教育的ニーズの幅は広くなり，その教育課程の展開を支援する学校図書館も幅の広い施設・設備・器具等の整備，ニーズに応ずるメディアを備えたコレクションの構築とサービスが望まれる。また，特別支援学校は地域の特別支援教育のセンター的な役割を果たすことが求められており，特別支援学校の学校図書館もその一翼を担って地域の特別支援教育展開のために小・中学校や関係諸機関との連携協力が重要な役割となってくる。そのような期待される役割からしてみると，現状の特別支援学校の学校図書館の整備状況は，物的にも人的にも十分なものとはいいがたい。それぞれの学校が応えなければならない特別な教育的ニーズは多種多様であるが，司書教諭のリーダーシップのもとにあらゆる児童・生徒に対応できる学校図書館を構築していくことが望まれる。

4　特別な教育的ニーズに応ずる授業の実際

　ある小学校の特別支援学級の学校図書館を利用した授業場面のスケッチか

ら，学校図書館を活用して特別な教育的ニーズに応ずる授業について検討したい。

　その小学校は，ある都道府県の都道府県庁所在地に位置する学校で，知的障がい，情緒障がいの2つの特別支援学級が設置されている。授業はそれぞれで行うことが基本だが，週に1時間，学校図書館を活用した合同授業（国語科の授業の位置づけ）を行っている。学級の構成はA児（1年生・女児），B児（2年生・女児），C児（4年生・男児），D児（6年生・女児）で，それに対して，担任教諭2名，司書教諭，学校司書の4人の体制での指導であった。

　知的・情緒学級合同の学校図書館の授業は①読み聞かせ②本を用いた学習活動③個々の本の返却と貸出を基本に構成されているとのことであった。挨拶のあとに，司書教諭が「今日は2つお勉強をします。1つはA先生に面白い本を読んでもらいます。2つ目はちょっと楽しいゲームをやります。カードを見て考えてね」と本時の授業の構成を説明した。A先生とは学校司書のことで，授業は司書教諭が進行していた。担任の2人の教諭は児童の隣に座って司書教諭・学校司書が進行する授業の意図が子どもに届いているか，時々子どもの反応を聞き取り，それに応じてフィードバックをしていた。

　はじめの学習は，前時に読み聞かせた絵本の振り返りであった。前時はオーストラリアの民話を題材にした絵本を読み聞かせたとのことであった。その絵本のページをめくりながら，子どもたちに問いかけ，前時読み聞かせた本の内容を想起させていく。子どもの中には思い入れのあるページなのか，立ち上がって絵を指さしながらつぶやき，物語を思い返しているようだった。前時の本を振り返ってみる時間が終わると，本時の読み聞かせが始まった。本時は西アフリカの民話を題材にした本の読み聞かせであった。学校司書が「アフリカって……」と子どもたちに問いかけると，すかさず司書教諭がホワイトボードに貼られた地図を示した。子どもたちは司書教諭の助けを借りながらアフリカ大陸を探し出し，この地の話であることを確認していた。司書教諭は絵本のタイトルを読み上げ，その中に含まれる「ひょうたん」について取り上げ，「ひょうたんって，知ってる？」と問いかけながら植物図鑑

を示した。子どもたちはひょうたんの載っているページを探し，写真でひょうたんを確認した。読み聞かせが始まると，子どもたちは次第にページに引き込まれるように注視し，時折「へぇ，すごい」などとつぶやきながら，学校司書の読み聞かせに聞き入っていた。子どもたちの間に座っている担任の教諭たちは，本を見つめているように見えながら，子どもたちに十分注意を払っており，子どもの姿勢やつぶやきを見聞きしながら，必要なところでは，子どもの耳元でささやき，子どもが読み聞かせを味わえるように支援していた。物語のクライマックスに近づき，人食いひょうたんが主人公の子どもを食べようとする場面にさしかかるとB児は「えーっ，こわい」と素直につぶやき，年下のA児に目配せして共感を求めていた。A児もB児との間に座っている先生の表情を確認しながら，怖そうな表情をしていた。B児は読み聞かせが終わると少し心配そうに「大食いひょうたんって，日本にもある？」とつぶやいた。

　司書教諭は読み聞かせの物語で，大食いひょうたんは何を食べていたのか振り返らせながら「私たちは楽しいお食事考えよう」と，次の学習活動に巧みにつなぎ，新たな本を取り出し，読み聞かせをはじめた。次の本は，さまざまな場面でいくつかの選択肢が示され，どれがよいのかを問いかける内容だった。司書教諭は「もしできるとしたら，お城でお食事がいいですか，気球で朝ご飯を食べるのがいいですか，川でおやつがいいですか」と本のページを拡大コピーしたカードを示しながら子どもに問いかけていた。はじめに川でおやつを選んだD児に司書教諭は「なんでこれがいいの」と選んだ理由をたずねた。D児は「なんか，いい感じっていうか」とうまく言葉を見つけられないのだが，自分の選んだ理由を伝えようと身を乗り出し，身振り手振りを加えながら司書教諭に伝えようと語りかけていた。司書教諭はその様子に共感し「うん，わかる，わかる」と応じていくと，D児は船に乗っているのがいい気持ちでそれが理由で選んだということを身振りを交えながら伝えることができた。そのD児の表現を，おとな4人が共感的に受け止める様子を見ながら，他の子どもたちは自分だったらと考えてカードを見つめているようだった。次に答えたC児は気球で朝食を選び，選んだ理由を話して

いた。司書教諭は「そりゃあいい気持ちだね，お空の上で」と受け止めていた。C児が話す前から自分も話したそうにしていたB児は自分の順番がくるのを待って，自分の選んだお城でお食事のわけを語り出した。所々繰り返しながら「なんで，お城で，食事がしたいかは，夜になって，お月見の時に月があってきれいだと思う」からだということを話すことができた。自分の思いを表現できたB児の表情からはやり遂げた喜びが読み取れた。そのようなB児の姿を担任の教諭はしっかりと見ていた。時折頷き，大丈夫，よくわかるよというような表情でB児を見守り支えB児の表出を支えていた。最後にA児が話す番となった。隣で座っているD児が彼女の手を取り，川でおやつを指ささせた。司書教諭のどうして川でおやつがいいのかなという問いかけに，うれしそうな表情を見せながら言葉を探しているように見受けられた。そんな彼女に担任の教諭が穏やかにささやきかけ，それに応じて，微笑みながら頷いていた。やりとりがおやつに何を食べたいのかに進み，自分の好きなおやつや食事の話になると，子どもたちは先ほどよりも自由に話し始め，A児とD児は二人で食べ物について話し始めた。食べ物の話に花が咲き始めると「じゃあ次のお食事を考えてもらっていいですか」と司書教諭が次のカードを示した。虫のおかゆ，かたつむりのおだんご，くものシチュー，ヘビのジュースと，カードが出る度に「えーっ」等と歓声が上がった。ここまでで，活動の見通しをもてた子どもたちは，先ほどよりも表情を柔らかくし，ナンセンスなカードを楽しみながら活動に没入していく。「わぁ，食べたくない」といいながらもカードを選んでいく。どう考えても食べるものではない4枚のカードなのである。司書教諭がどうして選んだのかたずねると，先ほどの問いかけよりも表情豊かに答えだした。D児は楽しそうに「なんか，たまにですけど，うちのおうちのどこかに，くもの巣があるから，他にはないから」と話した。どうやっても理由をつけ難いナンセンスな問いに対して，楽しみながら理由を探し，話していた。A児は困った表情をしつつも，実は楽しいという表情を見せながらカードを見つめていた。隣のD児が先ほどのように手を取ってカードを選ばせようとすると，今度は担任教諭が制止して，自分で選ばせるように目で合図をした。「どれにする」と問いかける担任教諭に

対して，A児はくものシチューを選ぶことができた。D児は虫が嫌いなので，どのカードも選びたくないと興奮して話した。虫をめぐる話がもりあがり，2つ目の問いをめぐる子どもたちの会話が一段落したところで司書教諭は最後の問いを投げかけた。「もしも，いろんな動物が出てきて，ぞうに，おふろのお湯を全部飲まれちゃうのと，鷹っているでしょう？　鷹にごはんを食べられちゃうのと，ブタに僕のズボンをはかれちゃう，カバに布団をとられちゃうとしたら，ねえ，どれがいい？」はじめにC児がカバに布団をとられてしまうものを選んだ。司書教諭の「これなら，まだいい？」との問いかけに「うん，こいつを（絵のカバ）たたく。それで，こいつを（鷹をさして）攻撃する」というと，それに対して向かいにいたD児が「つんと，つつかれるよ」と返した。それに対してC児は「じゃあ逃げる」と応じた。D児は鷹にごはんを食べられるのは嫌だから，野球のバットで打ってしまおうという意のことをいうと，B児はそれを面白がり，A児も少し表情をくずして笑っていた。最後にA児がどれにするか問われると，少しいたずらっぽい表情をして，鷹にごはんを食べられてしまうカードを選んでいた。司書教諭の「じゃあ，あとはだめね」の言葉にはしっかりと頷いていた。「それでは勉強はおわりです。あとは本を返したり借りたりしてください」の言葉で本を用いた学習活動は終了した。本の返却・貸出の時間，子どもたちは自分の読みたい本を探し書架の間を歩き回っていた。先生たちは子どもが選んだ本に注意を払い，いっしょに手に取って開き，内容を確認しながら本を選ぶ支援をしていた。

　本時の授業の中で，司書教諭，学校司書，担任教諭はどのような役割を果たしていたのだろうか。

　本時は基本的に司書教諭によって進められていた。授業では随所で何に取り組むのか説明し，発問していた。特別な教育的ニーズをもつ子どもの中には，何が起こるのか見通しがもてず，不安なために落ち着いて学習に取り組めない子どももいる。この学級にもそのような子どもがいた。そのような子どもも，これから取り組むことがわかれば，意欲をもって学習に取り組むことができる。司書教諭は本時の見通しをもちやすくする働きかけをすること

によって，子どもが意欲的に安心して学習に取り組めるようにしていたのである。

　本時に見られる役割は上記のようであるが，この授業を構成するにあたって，担任教諭の授業に対するニーズを聞き取り，それをもとに学校図書館機能をどのように活用するのかを考え，学校司書と相談し，実際の授業づくりにイニシアチブを発揮していたのも司書教諭である。担任教諭はコミュニケーションに課題がある子どもだと考えていた。読書に親しむことのほかにも，子ども同士の主体的なコミュニケーションが活発に行われるような授業を望んでいた。それに応じて授業冒頭の読み聞かせに使われたアフリカの昔話の図書資料を選定したのは司書教諭と学校司書であった。子どもたちの実態から昔話を読み聞かせようということになったのだという。昔話はストーリーの展開がはっきりしていて，ストーリーの中に繰り返しのある場合が多く，登場人物も少ない。伝えるメッセージも明確である。特別支援学級の子どもたちに理解されやすい。これは先述したLLブックのガイドライン（本章第2節）にも通じるものがある。また，本時の図書資料の内容から広く世界等に目を向けさせることもできた。本時の図書資料では世界地図を使い，アフリカの位置を確認する場面や，ひょうたんを植物図鑑で確認する場面があった。地図は小学校低学年向けの平易な地図が使われていて，学校図書館内には地球儀も置かれていた。物語に登場する地や植物を，できるだけ具体的に捉えることができるように，学校司書と連携し，学習環境を整え，子どもの実態に応じた教材を選定・作成していたのである。

　そして，本時の展開部分では図書資料をもとに，担任教諭と子ども，子どもと子どものコミュニケーションが活性化する学習活動を準備していた。本時選択した図書資料は，ナンセンスな笑いを誘う絵本で，子どもたちの自然なつぶやきや，対話がおこりやすいと思われるものだった。その資料のどの場面を使うかについては担任教諭と相談して決めたそうである。担任教諭の，自分で選んだり，話したり，話し合ったりすることに課題がある子どもたちであるという捉えをもとに，奇想天外な場面を使って子どもの心を動かし，自然の自己表出を願っての選書であった。この選書は見事にねらいを達成し

ていた。授業の開始時には硬い表情であったＡ児は読み聞かせの中で少し表情を緩め，本をめぐる学習活動の中で，選び，理由を考え，コミュニケーションを行う中で緊張は解け，時には笑顔を見せるまでとなった。

　特別な教育的ニーズに応ずる教育では，検定教科書を使った学習では子ども個々の多様なニーズに応え切れないことが多い。本時のように学校図書館が活用できれば，子どもの実態に応じた教育ができるのである。ただ，そのためには多様な子どものニーズに応ずる学校図書館の構築が不可欠である。

（鎌田和宏）

〈注〉

（注１）文部科学省は 2012 年に「通常の学級に在籍する発達障害の可能性のある特別な教育的支援を必要とする児童生徒に関する調査」の結果を公表している。（https://www.mext.go.jp/a_menu/shotou/tokubetu/material/__icsFiles/afieldfile/2012/12/10/1328729_01.pdf［2020 年 5 月 25 日現在参照可]）

（注２）野口武悟によって特別支援教育と学校図書館の先駆的な研究が行われている。野口の研究については以下を参照されたい。野口武悟「特別支援教育における学校図書館の概観と展望」（『学校図書館』No.707．2009 年 9 月）。野口武悟・成松一郎『多様性と出会う学校図書館　一人ひとりの自立を支える合理的配慮へのアプローチ』読書工房　2015 年。野口武悟・児島陽子・入川加代子『多様なニーズによりそう学校図書館　特別支援学校の合理的配慮を例に』少年写真新聞社　2019 年。

（注３）図表の作成に当たっては以下の研究を参考にした。野口武悟「特別支援学校における学校図書館のいま（1）施設・設備と運営体制の現状と課題を中心に」（『学校図書館』No.697．2008 年 11 月），「特別支援学校における学校図書館のいま（2）所蔵メディアと利用・活用の現状と課題を中心に」（『学校図書館』No.698．2008 年 12 月）

（注４）DAISY については，以下のサイトを参照のこと。「ENJOY DAISY」（公益社団法人日本障害者リハビリテーション協会情報センター内　DAISY 研究センター（https://www.dinf.ne.jp/doc/daisy/index.html［2020 年 5 月 25 日現在参照可]）。財団法人日本障害者リハビリテーション協会が DAISY を紹介するパンフレットを発行している。「ENJOY DAISY　DAISY って何だろう？」（https://

www.dinf.ne.jp/doc/daisy/book/images/Whats_DAISY.pdf［2020 年 5 月 25 日現在参照可］）。また，日本障害者リハビリテーション協会のサイトに説明があり，閲覧用ソフトウエア・作成用ソフトウエア，DAISY 図書のサンプル等を無償でダウンロードすることができる。伊藤忠記念財団は児童書を DAISY の規格で電子化し，全国の特別支援学校，公共図書館，医療機関等に無償で提供し，障がいのある子どもの読書支援に取り組んでいる。詳細は同財団のサイトを参照のこと。（https://www.itc-zaidan.or.jp/［2020 年 5 月 25 日現在参照可］）

（注 5） 藤沢和子・服部敦司編著『LL ブックを届ける』読書工房，2009 年

（注 6） 野口武悟（全国 SLA 特別支援学校図書館調査委員会委員長）「特別支援学校における学校図書館の現状（Ⅰ）（Ⅱ）」（『学校図書館』No.765・No.767，2014 年 7 月・9 月）。2013 年 9 月に全国学校図書館協議会特別支援学校図書館調査委員会は全国の特別支援学校の本校 1,048 校に対して質問紙による調査を実施（回収率 64.7％）した。これに先立ち，野口は 2007 年に全国の特別支援学校に対して全国悉皆調査を行っている（『特別支援学校の学校図書館はいま―2007年全国実態調査の結果から―』誠道書店　2009 年。なおこれは，研究代表者野口武悟「特別支援学校における学校図書館の現状と課題―全国悉皆調査と事例研究を通して―」（平成 19 ～ 20 年度文部科学省科学研究費補助金成果報告書）によっている）。

第XV章　司書教諭の役割と学習指導と学校図書館

1　学習指導における学校図書館の活用の現状

　学習指導における学校図書館の活用の現状を示す資料はきわめて少ない。

　文部科学省の「学校図書館の現状に関する調査」（令和２年度）[注1] では，全国の国公私立小・中・高等学校，特別支援学校，義務教育学校，中等教育学校の学校図書館に関する現状に関する悉皆調査の結果が報告されている。この調査では，主として学校図書館の人的・物的環境が対象となっているが学習指導に関連する読書活動（全校一斉の読書活動），学校図書館全体計画策定の状況についての報告がある。

　全校一斉の読書活動については，実施の有無，実施の頻度，時間帯が調査されている。この一斉の読書活動とは，いわゆる「朝読書」のような一定時間を確保して，子どもが読書を行うことを想定しており，調査によれば小学校の90.5％が一定の頻度で，何らかの一斉の読書活動を行っているとしている。これは中学校では85.9％，高等学校では39.0％となっている。これらの時間が，各学校でどのような位置づけの時間になっているかは不明だが，東京都江戸川区のように，教育課程特例校の指定を受けて「読書科」を設け，教育課程に位置づけ，読書科の目標の下に実施している地域もある。ただ，このような地域をあげての取り組み事例は稀少であろう。

　この調査には，学校図書館メディアに関する項目があり，蔵書構成の項目が存在する。蔵書構成はNDCによる分類別状況が報告されており，各教科等での学習指導で学校図書館が活用されているかを知る手がかりとはなるだろう。分類別の蔵書数を把握している学校は小学校で約７割，中学校で約７割，高等学校で約８割となっている。内訳を小中高を通した平均で見ると０類総記が3.2％，１類哲学・宗教が2.1％，２類歴史地理が8.3％，３類社会

科学が 8.6％，4 類自然科学が 10.0％，5 類技術が 4.6％，6 類産業が 2.3％，7 類芸術が 8.2％，8 類言語が 3.7％，9 類文学が 39.9％，その他 9.0％となっており，文学中心の蔵書構成になっていることがわかる。これより，学校図書館が自館でもっている資料についてのみいえば，国語科の読書指導で利用されていることは想像できるが，国語科以外の教科での読書活動，探究的学習での利用があまり活発ではないことが想像される。

　都道府県においては，鳥取県の調査報告がある。同県教育委員会は県立図書館に学校図書館支援センターを設置し，県内市町村の学校図書館支援をおこなっており，学習指導における学校図書館活用の実態を一定程度うかがい知ることのできる調査を定期的に行っている。2018 年 6 月実施した調査では，学校図書館を活用した授業について小・中学校を対象に以下の項目の調査を行っている。

①学校図書館を活用した年間授業計画の作成
②学校図書館は授業計画通りに活用されているか
③授業で学校図書館の資料はどれくらいの頻度で利用されているか
④図書館資料を活用して授業を行った教員の実人数
⑤司書教諭と学校司書の TT 授業実施の有無・実施授業時数
⑥司書教諭・学校司書による TT 授業の実施教科等と授業回数
⑦一般教諭と学校司書による TT 授業の実施教科等と授業回数
　　　※ TT はティーム・ティーチング

　学校教育は計画的に実施されているので，学校図書館の利活用――とりわけ授業での活用――についても計画がなければ行われることは難しい。2017 年度では，小学校の 95.2％，中学校の 75.4％，高等学校の 29.2％，特別支援学校の 80％が計画を作成したとの回答がされており，これは小学校を除いて前回調査（2014 年度）よりも増加している（小学校は 1 ポイント減）。そしてその計画が実際に行われたか（授業計画が計画通りに活用されたか）については，小学校は 33.6％が計画通りに活用された，62.2％が部分的に活用された，中学校は 25.6％が計画通り，65.1％が部分的に活用されたとの回答がされている。計画がどの程度のものであったかは不明だが，小学校の

図表 15 − 1　授業で学校図書館の資料はどれくらいの頻度で利用されているか

	小学校	中学校	高等学校	特別支援学校
1 〜 4 時間 / 週	40.0%	82.1%	41.7%	60%
5 〜 9 時間 / 週	23.2%	14.3%	54.2%	20%
10 〜 14 時間 / 週	25.6%	1.8%	4.2%	—
15 〜 19 時間 / 週	8.0%	1.8%	—	10%
20 〜 24 時間 / 週	1.6%	—	—	—
25 時間以上	1.6%	—	—	10%

95.8％，中学校の 90.7％が水準に差はあるだろうが，学校図書館が授業で活用されたことがわかる。

　鳥取県の調査は，学校図書館の資料の利用頻度についても調査されており，2017 年度の利用頻度は図表 15 − 1 のようになっている。

　すべての校種で週あたりの利用時間数は増えており，前回調査と比較しても授業での図書館資料の活用が活発になってきている。さらに，学校図書館を活用した授業を実施した教員の割合（各学校の全教員中）については，小学校では 76.1％，中学校では 55.1％の教員が行っているとされている。

　また，司書教諭が TT を実施した授業については教科別の報告があり，TT を行った授業では，小学校・中学校共通は国語科が最多で（小 83.6％，中 64.8％），ついで小学校は総合的な学習の時間（7.5％）中学校は社会科（12.9％）であった。

　島根県松江市教育委員会は学習指導における学校図書館活用に関する実態調査を行い，毎年公表している。ここでは教科等の授業でどれくらいの時間，学校図書館を活用した授業が行われたかという貴重な報告がされている(注2)。これによれば，2018 年に小学校・義務教育学校（前期）の 1 クラスあたりの学校図書館を活用した授業は 37.5 単位時間（以下同様）で，そのうち最も多くの時間取り組まれたのが国語科（23.1 時間），次が総合的な学習（10時間）となっている。中学校・義務教育学校（後期）では，14.4 時間が実施され，最も多いものが国語科（5 時間），次いで，総合的な学習（3.6 時間）とのことである。具体的な利用についてはこの調査のみでは明らかではない

が，松江市は「学校図書館活用教育　小中一貫カリキュラム　『学び方指導体系表』～子どもの情報リテラシーを育てる～」を策定し，具体的な指導事項を示して各学校がこれを参考にして年間指導計画作成しているため，ある程度の内容は推測できる（前掲の鳥取県の場合には，「とっとり学校図書館活用教育推進ビジョン」に「学校図書館を活用する事で身に付けたい情報活用能力」として目標レベルは示されている）^(注3)。

　鳥取県，島根県松江市の調査を紹介したが，この鳥取県，島根県は教育政策の中で学校図書館活用教育に力を入れている自治体なので，このような調査が行われており，同様の政策に重点をかけている自治体であれば調査は行われているかもしれないが，公開されているところは少ない。学校図書館の利活用に重点をかけている地域であれば，議会等で市民へ説明するために調査を行っているだろう。力を入れている自治体では，ある程度の活用がなされているが，そうでない自治体の学校については不明である。推測の域を出ないが，地域で学校図書館の活用について力を入れている学校はあるだろうが，地域全体で，どの学校でも，一定程度は授業で活用されているという状況ではないようである。

2　これからの学校教育における学習指導と学校図書館

　前節で授業での利用実態について概観した。学校図書館の活用に力を入れている自治体では実態把握が試みられている。前出の事例では未公開だが教科等での学校図書館活用時間数以外にも，授業内で指導される指導事項についての調査も行われているとも聞く。多くの学校では，学習指導における学校図書館の利用実態はどうやら十分ではないといえそうだが，これまで見てきたように，教育の趨勢や日本の学校教育を大きく方向づけている学習指導要領では，学校図書館の活用は期待されている。ここではユネスコの学校図書館宣言と学習指導要領総則から，これからの学校教育における学習指導と学校図書館の役割について展望したい。

　ユネスコの学校図書館宣言^(注4)では，前文に次のようなことが示されて

いる。

> 学校図書館は，今日の情報や知識を基盤とする社会に相応（ふさわ）し
> く生きていくための基本的な情報とアイデアを提供する。学校図書館
> は，児童生徒が責任ある市民として生活できるように，生涯学習の技能
> を育成し，また，想像力を培う。

　知識基盤社会ともいわれる現代社会で責任ある市民として生活していくに
は生涯学び続ける技能と想像力が必要で，それらの技能と力を学校図書館が
育成するとしている。そして，これに続けて，情報の形態を問わず，学校の
構成員全員が情報を批判的に捉え効果的に利用できるように，学習のための
サービス，図書，情報資源を提供するとされている。それによって提供され
る資料は，教科書や教材，教育方法を補完し，より充実させると述べてい
る。知識基盤社会は，社会の変化が急速で激しく，そこで必要とされる情報
の更新の頻度も激しい。そうした情報環境下では，これまで近代社会が築き
上げてきた教科書・教材を中核とする教育方法による教育では十分に手の届
かないところが多く出てくる。例えば日本の学校教育の教育課程編成基準で
ある学習指導要領は概ね 10 年に一度更新されている。それにあわせて主た
る教材である教科書が作成され，それに応じて各種教材も作成されている。この 10 年のサイクルでは応じきれない情報・資料を提供する機能を学校図書館はもっている。

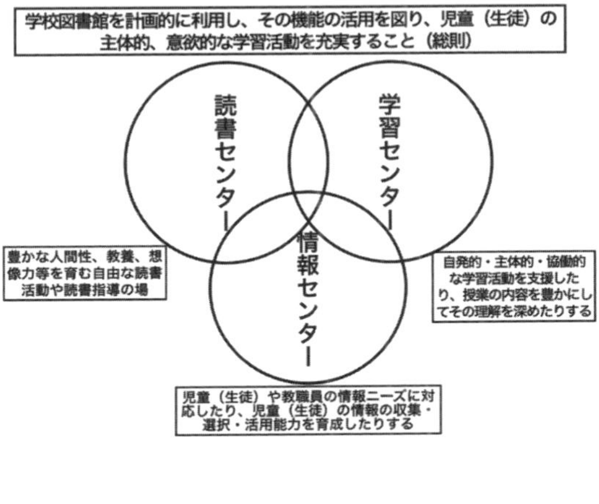

　第 III 章でも触れたが，2020 年に小学校から順次始まった新学

図表 15 － 2　学校図書館の 3 機能

学校図書館を計画的に利用し、その機能の活用を図り、児童（生徒）の
主体的、意欲的な学習活動を充実すること（総則）

読書センター
学習センター
情報センター

豊かな人間性、教養、想
像力等を育む自由な読書
活動や読書指導の場

自発的・主体的・協働的
な学習活動を支援した
り、授業の内容を豊かにし
てその理解を深めたりする

児童（生徒）や教職員の情報ニーズに対
応したり、児童（生徒）の情報の収集・
選択・活用能力を育成したりする

習指導要領下の教育では，学校図書館は大きな役割を担うことが期待される^(注5)。高度情報社会，知識基盤社会，グローバル社会，AI 時代等々，さまざまな側面がある現代社会の急激で大きな変化の中にあり，今後どうなっていくのか予測することが難しい。そのような社会で生きていくには，変化に前向きに対応し課題を解決できる汎用的な能力が求められる。これは社会の変化に応じた国際的な教育政策転換に位置づくもので，知識の習得に重点がかかりがちだった教育を，知識を活用し，探究的に学ぶことにも重点をかけていこうとするものである。このような教育では汎用的な能力の育成が求められるわけだが，学習指導要領では汎用的な能力を形成する学習の基盤となる能力として言語能力，情報活用能力，問題発見・解決能力をあげている。これらの学習の基盤となる能力は教科等横断的で，教科の枠を超えた横断的・総合的な学習が行われるような教科等間のつながりを意識して編成された教育課程によって育てられるとしている。

これらの育成には学校図書館の３つのセンター機能の発揮が大きな役割を果たす。とくに AI（人工知能）技術が大きな役割を果たすといわれている高度情報社会では，「人間ならでは」の能力の発揮が期待されているが，学校図書館で培われる上記の能力は，例えば文章を読んで理解する能力は，AI には当面できないといわれ，「人間ならでは」の能力の一つであるとされている^(注6)。

読書センター機能は，読書の習慣形成を育成し，読解力の育成に貢献する。また，学習センター機能は授業の中で読書活動や探究活動等を位置づけることができ，授業の内容を豊かにするだけでなく，問題発見・解決能力の育成に貢献する。そして情報センター機能は児童・生徒だけでなく教職員の情報ニーズに対応し，それぞれの情報活用能力，問題発見・解決能力の育成に貢献するのである。

3　司書教諭が担う役割

これまで見てきた状況の中で，司書教諭はどのような役割を担うのだろう

か。学校図書館に関わる教職員の役割を概観しつつ司書教諭の役割を見ていきたい。

　まず，学校図書館法における司書教諭の役割を確認しておこう。学校図書館法の第５条では

　　　学校には学校図書館の専門的職務を掌らせるため，司書教諭を置かなければならない。

とされている。この司書教諭の「専門的職務」について，文部科学省は次のように説明している(注7)。

　学校図書館資料の選択・収集・提供や子どもの読書活動に対する指導，さらには，学校図書館利用指導計画を立案し，実施の中心となるなど，学校図書館の運営・活用について中心的な役割を担う。

　ここでは，学校図書館のコレクション構築と読書活動の指導，そして計画立案と実施の中心となることが示されている。

　鳥取県の学校図書館支援センターは司書教諭の職務を次のように示している(注8)。

　　○「司書教諭」資格を有し発令された教員
　　○学校図書館の専門的職務を担当
　　○学校図書館活動の推進リーダー
　　○図書館教育のコーディネーター

　これらの職務にもとづく活動例として

　　・学校図書館運営計画の立案・実施
　　・図書館年間利用計画のとりまとめ
　　・図書館利用指導・ガイダンス
　　・教員向け情報提供・教材準備等への協力
　　・学校図書館を活用した児童生徒の指導
　　・情報活用能力に関する指導及び支援
　　・読書指導に関する教員への助言・研修

・読書活動の企画・実施

・学校図書館を活用した指導に関する教員への助言・研修　等
があげられている。

　これらの中で最も重要な職務は全体計画の策定とそれにもとづく関係教職
員に対するリードと連携であろう。学校図書館はこれまでも，そしてこれか
らも学校教育で育成される学力の根幹である学習の基盤となる能力を培うも
のである。よって学校全体が教育活動で利活用しなければならない。関心の
ある教職員のみでの利活用では不十分なのである。そのために必要な諸計画
の策定が司書教諭に課せられた最も重要な職務であろう。とくに読書活動の
指導だけでなく，各教科等での利活用には力を入れなければならない。また，
計画も策定されただけでは意味がない。実際に使われるようにするためには
関係教職員が実際に計画を活用した実践ができるように働きかけることが必
要である。

図表 15－3　学校図書館をめぐる教職員の協働

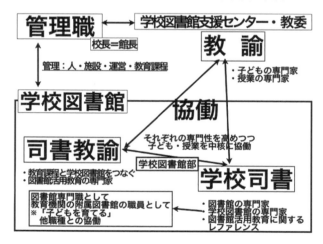

（1）校長との連携

　それでは関係教職員への働きかけについてはどう考えていけばよいのだろうか。まず考えねばならないのは，校長への働きかけである。学習指導要領（解説編）では，学校図書館の館長は校長であることが示されていた。校長は学校の施設・設備等の教育資源の管理，教職員等の人事管理，教育課程をはじめとする学校の運営管理を担っている責任者である。よって，学校図書館から見ると，館長となるわけだが，学校現場はさまざまな課題を抱えており，校長が学校図書館長であるという自覚をもっているケースは少ないようである。館長の自覚があれば，学校図書館の展開に強い関心をもってもらえるだろうが，そうでなければ学校教育における学校図書館に関する優先順位は自ずと下がってくる。学習指導要領解説に明記されたことを足がかりに，学校図書館スタッフが働きかけて，館長としての自覚をもち，学校図書館の機能の発揮と整備に常に関心をもって学校運営に携わってもらえるようにすることが重要であろう。学校経営の責任者に学校図書館の意義・機能を理解してもらい，利活用活性化のリーダーシップをとってもらう。これは現状では，司書教諭の働きかけなしには，なし得ないことではないか。そのためには学校図書館の利活用実態に関するデータが蓄積され，経営判断に役立つようにしておくことが必要であろう。

（2）学校司書との連携

　配置が進んでいる学校司書や学校司書相当職のスタッフは，自治体によって職務の範囲が異なり，実態に応じて考えることが肝要である。しかし文部科学省の調査研究によれば，学校図書館担当職員は（学校司書の名称が法に規定される前であったのでこの名称となっている）学校図書館の専門家として，間接的支援に関する職務（図書館資料の管理，施設設備の整備，学校図書館の運営），直接的支援に関する職務（館内閲覧館外貸出，ガイダンス，情報サービス，読書活動），教育指導への支援に関する職務（教科等の指導に関する支援，特別活動の指導に関する支援，情報活用能力の育成に関する

支援）があるとされている。ただしこれらは司書教諭等の学校図書館に関係する教職員と協働・分担することが求められている^(注9)。この学校司書に対して，職務の分担・協働の方針を伝え学校図書館の利活用を促進するパートナーとして職務に従事できるようにすることが重要である。そのためには，配置されている自治体では，学校司書との打合せの時間を取ることが重要であるとの声が多い。

（3）学校図書館部（校務分掌）・教職員との連携

　学校図書館の利活用を学校全体に広げていくには，実際に教育活動に従事する教職員，とりわけ教員との連携・協働が重要である。図表15－3で示したように，教員は各教科等の専門家であり，指導する児童・生徒について知悉する専門家である。だが，教員養成の過程で学校図書館の意義や機能，利活用について学んだ者はきわめて少ない。学校の研修課題や・研究主題に位置づけて研修会などを行い，利活用できるようにしていくことが重要である。教員と学校図書館・司書教諭をつなぐのが校務分掌の学校図書館部（名称は学校による）の教員等である。校務分掌で学校図書館担当の者がいないところでは，司書教諭が校長に働きかけ，設置されるようにしたい。学校図書館部の教員が，まずは学校図書館の理解者となり，利活用をひろげていくことが重要である。また，学校図書館は児童・生徒だけが利用するのではなく，教職員に対する情報サービスも視野に入れたい。学校図書館法では「児童または生徒及び教員の利用に供する」（第2条）とあるが，現在の学校はスクールカウンセラーやスクールロイヤー等々，多様な職種で構成されている。「チーム学校」といわれるのはそのためである。学校というチームが教育の目的に向かって問題解決をしていく際の情報支援を行うことも重要である。

　司書教諭は，常に学校の目標や課題等を把握し，目標の実現や課題解決のために学校図書館がどのように貢献できるか考え・行動していくことが求められる。とくに本巻の主題からいえば，学習指導における利活用が活性化するために，児童・生徒や学校の現状・課題を把握し，改善に向けて計画を策

定し実行していくことが求められている。

（鎌田和宏）

〈注〉

（注１）文部科学省「学校図書館の現状に関する調査」（令和２年度）（https://www.mext.go.jp/a_menu/shotou/dokusho/link/1410430_00001.htm［2021年11月30日現在参照可］）

（注２）鳥取県立図書館　学校図書館支援センター「鳥取県学校図書館授業利用状況調査結果」（https://www.library.pref.tottori.jp/support-center/306.html［2020年5月25日現在参照可］）

（注３）松江市（島根県）教育委員会教育課　松江市学校図書館支援センターは年に数回の支援センター便り（RAINBOW）を発行し，ウェブ上で公開している。例えば2019年6月6日発行の「RAINBOW」No.84では，18年の学校図書館活用状況についての報告が掲載されている。この報告は毎年行われており，島根県が実施している調査に対して松江市が回答しているものの一部を公表しているとのことである。（http://www1.city.matsue.shimane.jp/kyouiku/gakkou/gakkoutosyokan/rainbow.data/84rainbow_.pdf［2020年5月25日現在参照可］）

（注４）ユネスコ学校図書館宣言（School Library Manifesto by UNESCO）。1999年11月26日ユネスコ総会批准。原文は英文，訳は長倉美恵子・堀川照代によった。「ユネスコ学校図書館宣言　すべての者の教育と学習のための学校図書館（含解説）」（日本図書館協会『図書館雑誌』94（3），2000年3月）

（注５）文部科学省『小学校学習指導要領（平成29年告示）解説　総則編』（2017年7月，東洋館）第3章教育課程の編成及び実施，第3節教育課程の実施と学習評価，1主体的・対話的で深い学びの実現に向けた授業改善

（注６）新井紀子『AI v.s. 教科書が読めない子どもたち』東洋経済新報社　2018年

（注７）文部科学省「学校図書館　司書教諭　よくある質問集」（https://www.mext.go.jp/a_menu/shotou/dokusho/sisyo/1327733.htm［2020年5月25日現在参照可］）

（注８）鳥取県教育委員会　県立図書館学校図書館支援センター『つなげる・ひろげる・そだてる　学校図書館〜学校図書館活用ハンドブック〜』（2016年3月）p.4より。（https://www.library.pref.tottori.jp/support-center/post-40.html［2020年5月25日現在参照可］）

（注９）文部科学省，学校図書館担当職員の役割及びその資質向上に関する調査研究協力者会議「これからの学校図書館担当職員に求められる役割・職務及びその資質能力の向上方策等について（報告）」（2014 年３月）p.10

関連資料一覧

《教育課程・情報リテラシーの育成と学校図書館》

教育基本法

学校教育法

学校教育法施行規則

学校図書館法

小学校学習指導要領

中学校学習指導要領

高等学校学習指導要領

特別支援学校学習指導要領

小学校学習指導要領解説　総則編

小学校学習指導要領解説　国語編

小学校学習指導要領解説　特別活動編

小学校学習指導要領解説　総合的な学習の時間編

中学校学習指導要領解説　総則編

中学校学習指導要領解説　特別活動編

中学校学習指導要領解説　国語編

中学校学習指導要領解説　総合的な学習の時間編

高等学校学習指導要領解説　総則編

高等学校学習指導要領解説　国語編

高等学校学習指導要領解説　特別活動編

高等学校学習指導要領解説　総合的な探究の時間編

鳥取県教育委員会「学校図書館を活用する事で身に付けたい情報活用能力」

松江市教育委員会「『学び方指導体系表』〜子どもたちの情報リテラシーを育てる〜」

《学習指導と学校図書館メディア》

学校図書館ガイドライン
学校図書館の整備充実について（通知）別添
視覚障害者等の読書環境の整備の推進に関する法律（読書バリアフリー
法）
子どもの読書活動の推進に関する法律
子どもの読書活動の推進に関する基本的な計画（第四次）
全国学校図書館協議会・毎日新聞「学校読書調査」
全国学校図書館協議会・毎日新聞「学校図書館調査」

《情報リテラシーの育成と学校図書館の整備・運営》

文部省「学校図書館の手引き」（1948 年）
文部省「学校図書館運営の手びき」（1959 年）
文部省「小中学校における学校図書館利用の手引き」（1961 年）
文部省「小学校、中学校における学校図書館の利用と指導」（1983 年）

索引

［第3巻担当編集委員・執筆者］

鎌田和宏（かまた　かずひろ）

帝京大学教育学部初等教育学科教授・放送大学司書教諭講習客員教授

東京学芸大学大学院修了，東京都公立学校教諭，東京学芸大学附属世田谷小学校教諭，筑波大学附属小学校教諭，信州大学司書教諭講習講師，帝京大学文学部教育学科・大学院教職研究科講師，准教授を経て 2013年より現職。

著書に，『教室・学校図書館で育てる　小学生の情報リテラシー』（少年写真新聞社，2007 年），『入門　情報リテラシーを育てる授業づくり』（少年写真新聞社，2016 年），共著に『学校司書のための学校教育概論』（2019年，樹村房），文部科学省検定教科書『小学社会』（執筆者・編集委員2020 年，教育出版）ほか

［第3巻執筆者］（五十音順）

坂本喜代子（さかもと　きよこ）
帝京大学教育学部初等教育学科准教授
東京学芸大学大学院　教育学研究科国語教育専攻　修士課程修了
東京都公立小学校教諭，東京学芸大学非常勤講師，山梨大学司書教諭講習講師を経て，2016年より現職
著書に『対話的コミュニケーションが生まれる国語』（2017年，溪水社），共著に『小学校教師の専門性育成』（2020年，現代図書）ほか

中山美由紀（なかやま　みゆき）
立教大学学校社会教育講座兼任講師・東京学芸大学司書教諭講習講師
東京学芸大学教育学部初等教員養成課程国語選修卒業
成城学園高等学校専任司書教諭退職後いったん家庭に入る。千葉市学校図書館指導員として社会復帰後，東京学芸大学附属小金井小学校司書として2017年まで在職。同時に複数の大学非常勤講師を勤めつつ現在に至る。日本子どもの本研究会会員。
ウェブサイト「先生のための授業に役立つ学校図書館活用データベース」（東京学芸大学学校図書館運営専門委員会 2009）を委員会メンバーとして構築，運営にあたった。
共編著に『先生と司書が選んだ調べるための本：小学校社会科で活用できる学校図書館コレクション』（少年写真新聞社，2008年），共著に『多文化に出会うブックガイド』（読書工房　2011年），『困ったときには図書館へ2：学校図書館の挑戦と可能性』（悠光堂　2015年）ほか

探究　学校図書館学
第 3 巻　学習指導と学校図書館　　　　　　　　　　　　　　分類 017

2020 年 9 月 25 日　　初版発行
2022 年 1 月 20 日　　第 2 刷発行

　　　　編著者　　公益社団法人全国学校図書館協議会
　　　　　　　　　「探究　学校図書館学」編集委員会
　　　　発行者　　設楽敬一
　　　　制作・編集　株式会社悠光堂
　　　　制作統括　遠藤由子

　　　　DTP・校正　三坂輝プロダクション
　　　　印刷・製本　日本印刷株式会社
　　　　発行所　　公益社団法人全国学校図書館協議会
　　　　　　　　　〒 112-0003 東京都文京区春日 2-2-7
　　　　　　　　　電話 03-3814-4317（代）　FAX03-3814-1790